KB061833

‘대한민국’
국호의 탄생

이선민

서울대 국사학과에서 학사와 석사를 받고 박사 과정을 수료했다.
국사편찬위원회 임시연구원을 거쳐《조선일보》에 수습기자로 입사하여 문화부차장, 논설위원, 문화부장, 오피니언부장을 역임하고 현재 문화담당 선임기자로 근무하고 있다.
한국근현대사상사에 특별한 관심을 갖고 있으며, 영국 런던대 SOAS(동양아프리카대학)와 미국 브라운대에서 방문연구원으로 공부했다.
저서로는《한국의 성지》,《신앙의 고향을 찾아서》,《민족주의, 이제는 버려야 하나》가 있다.

대한민국역사박물관 한국현대사 교양총서 06

'대한민국' 국호의 탄생

2013년 12월 31일 발행
2013년 12월 31일 1쇄

지은이 이선민
발행처 대한민국역사박물관
제작·보급 (주)나남
경기도 파주시 회동길 193
031.955.4601 / www.nanam.net

ISBN 978-89-300-8706-3
978-89-300-8700-1(세트)

책값은 뒤표지에 있습니다.

대한민국역사박물관
한국현대사 교양총서
06

'대한민국' 국호의 탄생

이선민 지음

대한민국 역사박물관
NATIONAL MUSEUM OF KOREAN CONTEMPORARY HISTORY
나남 nanam

《한국현대사 교양총서》를 펴내며

대한민국역사박물관은 우리나라 최초의 국립 현대사박물관입니다. 500년의 전통과 현대성이 함께 숨 쉬는 광화문에 위치한 대한민국역사박물관은 일제강점기부터 현재까지 우리 한국인이 겪어온 피와 땀과 눈물의 대서사를 담은 역사 공간을 목표로 하여 건립되었습니다. 국가 상징 거리에 위치하여 과거와 현재를 이렇게 동시에 만날 수 있는 곳은 전 세계적으로 유례를 찾기 어려울 것입니다.

대한민국역사박물관은 우리의 정체성을 확인하고 우리가 걸어온 길을 되돌아보면서 앞으로 나아갈 길을 모색하는 성찰의 기회를 제공할 것입니다. 우리 한국인이 목숨 바쳐 나라를 되찾고 피땀 흘려 산업화와 민주화를 이룩한 과정을 균형 잡힌 시각으로 보여주어, 국민들이 우리 현대사에 대한 관심과 애정을 가질 수 있게 하고자 합니다.

이를 위해 대한민국역사박물관은 현대사에 대한 체계적인 자료 수집 및 관리·전시·교육·조사연구 등의 기능을 수행하고 있습니다. 특히 그동안 학계에서 쌓아온 현대사 연구 성과를 국민과 공유하는 것이 필요하다고 보고, 일반인이 좀더 쉽게 읽고 이해할 수 있는《한국현대사 교양총서》 시리즈를 발간하게 되었습니다.

《한국현대사 교양총서》를 기획하면서 특히 중점을 두었던 점은 균형 있고 미래지향적인 역사인식을 갖추는 데 기여하는 것입니다. 한국 현대사의 여러 사건과 인물들을 둘러싸고 첨예한 논란이 벌어지고 있는 현시점에서 균형 잡힌 역사인식이 무엇보다 절실하다고 하겠습니다.

아무쪼록 《한국현대사 교양총서》가 어렵게 느껴질 수 있는 우리 현대사에 쉽게 다가가는 계기가 되었으면 합니다. 아울러 이 총서가 한국 현대사에 대한 폭넓은 안목을 키울 수 있는 길잡이가 되기를 기대하며 독자 여러분의 많은 격려와 질정을 바랍니다.

대한민국역사박물관장

김 왕 식

오늘날 한반도에 자리 잡은 나라의 이름은 '대한민국'大韓民國이다. 우리는 이 이름에 너무나 익숙해서 원래부터 우리나라 이름이 대한민국인 것처럼 생각하지만, 사실 대한민국이 우리나라의 정식 이름이 된 지는 60년 남짓밖에 안 된다. (고)조선, 삼한마한·진한·변한, 신라, 고구려, 백제, 고려, 조선, 대한제국 등으로 불리던 한반도의 국가는 1948년 7월 17일 제정된 제헌헌법에 의해 대한민국이란 새로운 이름을 얻은 것이다. 전문前文과 전 10장章, 103조條로 된 제헌헌법은 제1장 제1조에서 "대한민국은 민주공화국이다"라고 국호國號와 정체政體를 규정했다.

대한민국이란 나라 이름이 확정되기까지는 적지 않은 진통을 겪어야 했다. 오랜 식민지 상태에서 벗어난 신생국가의 방향을 놓고 다양한 정치세력이 치열한 각축을 벌이던 당시 정국은 국호 제정을 둘러싸고도 마찬가지의 진통을 불러왔다. 조선朝鮮, 고려高麗, 한韓 등 우리 민족의 전통적인 국가 호칭들이 모두 거론됐고, 그를 뒷받침하는 여러 가지 논리가 동원되며 불꽃 튀는 논쟁이 전개됐다. 그리고 이런 논쟁에는 직접적인 당사자라고 할 수 있는 한반도 남쪽의 정치세력은 물론 별개의 정치적 단위였던 북쪽의 정치세력도 은연중 영향을 미쳤다. '대한민국'은 그런 경쟁 속에서 건국 주도 세력이 고심 끝에 선택한 결과였다.

'대한민국'이라는 나라 이름이 탄생한 과정과 그 역사적 배경에 대한 연구는 뜻밖에 그렇게 많지 않다. 아직 전체 과정을 실증적으로 조명하는 단행본조차 간행되지 않고 있는 상황이다. 따라서 '대한민국'이라는 국호가 가지는 역사적 맥락을 충분히 밝히는 대중서가 나오기에는 아직 학문적으로 규명돼야 할 부분이 많다.

지금까지 이루어진 관련 연구 중에서 가장 선구적이고 포괄적인 것은 임대식 전 역사문제연구소 연구원이 1993년에 발표한 "일제시기 · 해방 후 나라 이름에 반영된 좌우갈등 – 우右 '대한' · 좌左 '조선'과 남南 '대한' · 북北 '조선'의 대립과 통일"《역사비평》 21호, 역사문제연구소이다. 19세기 말 '조선'이 '대한제국'으로 나라 이름을 바꾼 것에서 시작하여 국망國亡으로 인한 국호 상실, 독립운동 과정에서의 다양한 국호 대두와 그 상호 침투, 그리고 광복 직후 남 · 북한의 국호 제정 과정을 당시 사료를 토대로 살펴본 이 논문은 '대한민국'이란 국호와 관련된 주요 논점과 쟁점을 대부분 짚고 있다. 특히 우파의 '대한'과 좌파의 '조선'의 대두와 대립 과정을 실증적이고 역동적으로 파악하고 있어 한국근현대사에서 국호 논쟁이 지니는 의미를 잘 보여준다.

이 논문으로부터 약 20년 만에 나온 또 하나의 중요한 연구 성과는 이완범 한국학중앙연구원 교수가 2012년 8월 독립기념관이 주최한 광복 제67주년 및 개관 제25주년 기념 학술심포지엄에서 발표한 "국호로 본 대한민국임시정부와 대한민국"이다. 이 논문은 우리 역사 속에서 '한'과 '조선'이란 국호가 지니는 역사적 의미에 대한 치밀한 검토에서 출발해 대한제국, 대한민국임시정부, 대한민국 정부로 이어지는 국호의 확정 과정을 상세하게 정리했다.

이 책은 상호 보완적인 위의 두 논문을 토대로 국호 문제와 관련된 다른 논문과 자료들을 통해서 '대한민국'이란 국호의 역사적 맥락과 의미를 종합적으로 정리해본 것이다. 물론 이 작업이 기존 연구 성과들을 모자이크하는 차원에 머물지는 않았다. 이 책에 서술된 내용은 1차 자료를 통해 확인된 것이며, 기존 연구에서 연결고리가 명확하지 않거나 빠져 있는 경우, 또는 서술이 서로 엇갈리는 경우에는 자료들을 대조해서 최대한 정확하게 전체 모습을 그리려고 노력했다. 그리고 서술 방식은 시간 순으로 내려오는 일반적인 방식 대신에 '대한민국'이라는 국호가 정해지는 과정에서 출발하여 그 뿌리로 거슬러 올라가 다시 짚어 내려오는 방식을 택했다. 이렇게 하는 것이 '대한민국'이라는 국호가 우리 역사 속에서 지니는 의의를 좀더 잘 드러낼 것이라고 생각했기 때문이다. 또 '대한민국'이란 국호를 보다 넓은 안목에서 이해하고, 특히 우리의 관심사인 통일 이후의 국호 문제를 검토하기 위해서는 북한의 국호 제정과정도 알아야 할 필요가 있어서 이 부분도 언급했다.

이 책을 쓰는 데 도움이 된 연구서와 논문, 자료집, 저술을 펴낸 모든 분들께 깊은 감사를 드린다. 각 서술의 출처에 대한 주석을 달지 않기로 한 편집방침으로 인하여 본문에 일일이 인용 부호를 붙이지 못한 점을 양해해주기 바란다. 그분들의 소중한 업적들을 한데 엮으면서 사실과 논리의 오류를 저지르지 않으려고 최대한 노력했지만, 그럼에도 불구하고 발생했을지도 모르는 잘못은 바로잡겠다는 약속을 드린다.

이선민

차례

《한국현대사 교양총서》를 펴내며 4

머리말 6

제헌국회, '대한민국'을 국호로 정하다 13

01 국호 논의의 첫 무대, 헌법기초위원회 14
02 이승만이 주도한 '대한민국' 국호 제정 20
03 '고려공화국'을 주장한 한민당 27
04 본회의, 국호에 대해 격론을 벌이다 34
05 이승만 정부, '대한민국'을 정착시키다 42
06 보론 – 북한, '조선민주주의인민공화국'을 국호로 정하다 47

광복 후 국호를 둘러싼 논쟁 59

01 미·소공동위원회 답신안에 나타난 국호 61
02 지식인들의 국호 논의 66
03 '대한민국'의 주창자 조소앙 81

'대한민국임시정부'와 '대한제국' 87

01 임시의정원, 국호를 '대한민국'으로 정하다 88
02 '대한민국'의 뿌리, '대한제국' 96
03 국민 속에 퍼져나간 '대한' 114
04 일제의 '대한' 말살 정책 122

독립운동가들이 되살린 '대한' **131**

01 '대한제국'에서 '대한민국'으로 132
02 '대한'과 '신한'의 정착 138
03 독립선언서와 단체에 나타난 '대한' 144
04 '대한', '조선'의 도전에 직면하다 153
05 '한'과 '조선'의 대립과 각축 161

남은 말 **181**

주 188
참고문헌 197
사진출처 200

제헌국회, '대한민국'을 국호로 정하다

01 국호 논의의 첫 무대, 헌법기초위원회

02 이승만이 주도한 '대한민국' 국호 제정

03 '고려공화국'을 주장한 한민당

04 본회의, 국호에 대해 격론을 벌이다

05 이승만 정부, '대한민국'을 정착시키다

06 보론 – 북한, '조선민주주의인민공화국'을 국호로 정하다

제헌국회 헌법기초위원회는 헌법 제정을 위한 기본안으로 유진오 전문위원과 행정연구회의 공동안, 참고안으로 권승렬 전문위원의 안을 채택했다. 국호와 관련해서 보면 전자는 '한국', 후자는 '대한민국'으로 돼 있다. 헌법기초위원회는 '대한민국'을 국호로 채택했지만 국회 본회의로 넘어간 후에도 국호를 둘러싼 논란은 끊이지 않았고, 결국 표결에 부친 결과 새 나라의 국호는 '대한민국'으로 결정됐다.

01

국호 논의의 첫 무대, 헌법기초위원회

1948년 6월 3일 오후 2시 서울 중앙청 회의실에 '헌법 및 정부조직법 기초위원회' 위원으로 선임된 제헌국회의원 30명이 모였다. 이들에게는 신생국가의 국호와 정치·경제·사회 등의 국가 운영 원리를 담은 제헌헌법을 만드는 과업이 맡겨졌다.

광복 후 처음 실시된 국회의원 선거는 이에 앞서 5월 10일 실시됐다. 선거인의 95.5%가 참여한 5·10선거를 통해 당선된 국회의원들은 5월 31일 중앙청 중앙홀에서 개원식을 갖고 의장에 이승만李承晩, 부의장에 신익희申翼熙와 김동원金東元 의원을 선출했다. 이들이 해야 할 가장 시급한 과제는 나라의 기본법인 헌법을 제정하는 일이었다. 이에 6월 1일 각 도道별로 한 명씩 10인의 전형위원을 선출하여 헌법기초위원회 구성에 착수했다. 전형위원들은 6월 2일 지역별 인구비례를 고려하여 30명의 헌

헌법기초위원회 기념사진

법기초위원을 선임했고, 이 명단은 6월 3일 오전 국회 본회의에서 그대로 확정됐다.[1]

같은 날 점심식사 후 열린 헌법기초위원회 제1차 회의에서 위원장에 서상일徐相日, 한국민주당, 부위원장에 이윤영李允榮, 대한독립촉성국민회이 선출됐다. 그리고 유진오俞鎭午 · 권승렬權承烈 · 임문환任文桓 · 한근조韓根祖 · 노진설盧鎭卨 · 노용호盧龍鎬 · 차윤홍車潤弘 · 김용근金龍根 · 윤길중尹吉重 · 고병국高秉國 등 법률 전문가 10명을 헌법기초위원회를 실무적으로 도울 전문위원으로 선임했다.

헌법기초위원회는 전문위원들에게 헌법 제정 논의에서 기초로 사용할 헌법안을 제출해주도록 요청했다. 이에 따라 6월 4일 오전 따로 모인 헌법기초위원회 전문위원들에게 제시된 헌법안案은 유진오 전문위원고려대 교수이 행정연구회와 공동으로 작성한 것과 권승렬 전문위원미 군정청 사법부 차장이 제출한 것의 두 개였다. 전문위원들은 통일안을 마련하지 못하고 이날 오후 열린 헌법기초위원회에 두 개의 헌법안을 모두 제출했다. 헌법기초위원들은 격론을 벌인 끝에 이들 헌법안을 표결에 부쳤고 13대11로 유진오·행정연구회안이 기본안, 권승렬안이 참고안으로 결정됐다.

유진오는 경성제대 1회 졸업생으로 일제강점기에 경성제대와 보성전문고려대 전신에서 법률을 연구하고 가르쳤으며 당시 한국에서 거의 유일한 헌법 전문가로 통하고 있었다. 행정연구회는 대한민국임시정부 내무총장을 지낸 신익희가 1945년 12월 환국한 뒤 일제강점기에 고등문관시험에 합격해서 조선총독부의 관리를 했던 사람들을 모아서 만든 단체였다. 정부 수립을 앞두고 각각 헌법안을 준비한 유진오와 행정연구회는 1948년 5월 신익희의 주선으로 제헌국회에 제출할 헌법안을 공동작업을 거쳐 마련했다.

권승렬은 일제강점기에 일본 주오대학中央大學 법과를 졸업하고 변호사로 활동했으며 광복 후에는 미군정에서 사법요원양성소 부소장, 사법부 법제처장 등 사법 관련 요직을 역임했다. 권승렬은 헌법안을 만드는 과정에서 김병로金炳魯·이인李仁 등 일제강점기에 국내에서 민족운동을 했던 법률가들의 도움을 받은 것으로 알려졌다. 그는 대한민국 정부 수립 후 초대 법무부

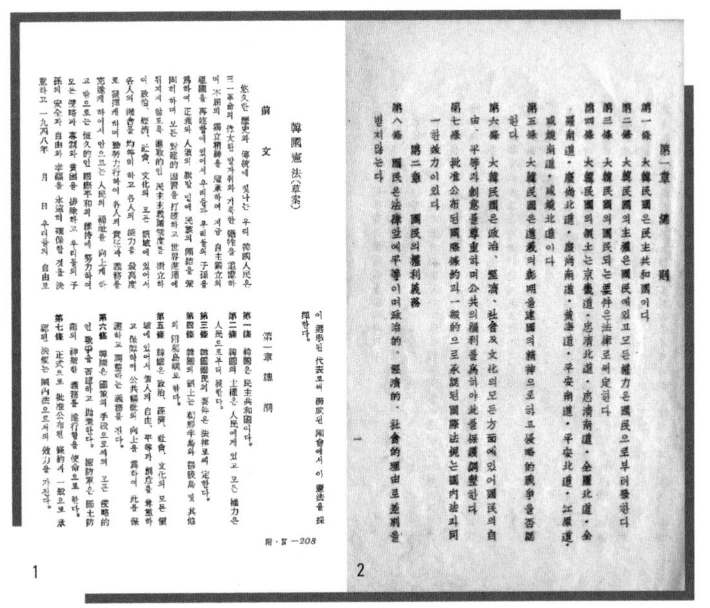
韓國憲法(草案)

前文

悠久한 歷史와 傳統에 빛나는 우리 韓國人民은 三一革命의 偉大한 발자취와 거룩한 犧牲을 追憶하며 不屈의 獨立精神을 繼承하여 지금 自主獨立의 祖國을 再建함에 있어서 우리들과 우리들의 子孫을 爲하여 正義와 人道의 旗발 밑에 民族의 團結을 鞏固히 하며 모든 封建的 因習을 打破하고 世界進運에 뒤지지 않도록 進取的인 民主主義諸制度를 樹立하여 政治, 經濟, 社會, 文化의 모든 領域에 있어서 各人의 機會를 均等히 하고 各人의 能力을 最高度로 發揮케 하며 勤勞力行하여 各人의 責任과 義務를 完遂케 하여서 안으로는 人民의 福祉를 向上케 하고 밖으로는 恒久的인 國際平和의 維持에 努力하여 모든 侵略과 專制와 貧困을 排除하고 우리들의 子孫의 安全과 自由와 幸福을 永遠히 確保할 것을 決意하고 一九四八年 月 日 우리들의 自由로 이 選擧된 代表로써 構成된 國會에서 이 憲法을 採擇한다。

第一章 總綱

第一條 韓國은 民主共和國이다。

第二條 韓國의 主權은 人民에게 있고 모든 權力은 人民으로부터 發한다。

第三條 韓國國民의 要件은 法律로써 定한다。

第四條 韓國의 領土는 朝鮮半島와 鬱陵島 및 其他의 附屬島嶼로 한다。

第五條 韓國은 政治, 經濟, 社會, 文化의 모든 領域에 있어서 個人의 自由, 平等과 創意를 尊重하고 保障하여 公共福祉의 向上을 爲하여 此를 保護하고 調整하는 義務를 진다。

第六條 韓國은 國策의 手段으로서의 모든 侵略的인 戰爭을 否認하고 抛棄한다。 國防軍은 國土防衛의 神聖한 義務를 遂行함을 使命으로 한다。

第七條 正式으로 批准公布된 條約과 一般으로 承認된 法規는 國內法으로서의 效力을 가진다。

附·Ⅱ—208

1

第一章 總綱

第一條 大韓民國은民主共和國이다

第二條 大韓民國의主權은國民에있고모든權力은國民으로부터發한다

第三條 大韓民國의國民되는要件은法律로써定한다

第四條 大韓民國의領土는京畿道·忠淸北道·忠淸南道·全羅北道·全羅南道·慶尙北道·慶尙南道·黃海道·平安南道·平安北道·江原道·咸鏡南道·咸鏡北道이다

第五條 大韓民國은道義의彰明을建國의精神으로하고侵略的戰爭을否認한다

第六條 大韓民國은政治、經濟、社會及文化의모든方面에있어國民의自由、平等과創意를尊重하며公共의福利를爲하야此를保護調整한다

第七條 批准公布된國際條約과一般的으로承認된國際法規는國內法과同一한效力이있다

第二章 國民의權利義務

第八條 國民은法律앞에平等이며政治的·經濟的·社會的理由로差別을받지않는다

一

2

1 '한국'을 국호로 한 유진오 · 행정연구회 안
2 '대한민국'을 국호로 한 권승렬 안

차관으로 임명됐고, 이어 검찰총장을 거쳐 1949년 6월 제2대 법무부 장관에 취임한다.

유진오 · 행정연구회의 헌법안과 권승렬의 헌법안은 여러 부분에서 차이가 나는데, 국호와 관련해서 보면 전자는 '한국'韓國, 후자는 '대한민국'大韓民國으로 돼 있다. 유진오 · 행정연구회안은 '한국헌법'이란 이름 아래 "유구한 역사와 전통에 빛나는 우리 한국인민韓國人民은 … "으로 시작되는 전문前文이 있고, 이어 제1장 제1조는 "한국은 민주공화국이다", 제2조는 "한국의 주권은

인민人民에게 있고 모든 권력은 인민으로부터 발發한다"로 돼 있다. 한편 권승렬안은 별도의 이름과 전문은 없고, 제1장 제1조는 "대한민국은 민주공화국이다", 제2조는 "대한민국의 주권은 국민에게 있고, 모든 권력은 국민으로부터 발發한다"로 돼 있다.

당초 유진오와 행정연구회가 각각 마련한 헌법 초안의 국호는 서로 달랐다. 유진오가 1948년 2월부터 윤길중과 황동준黃東準의 도움을 받아 만든 헌법 초안의 전문前文은 "유구한 역사와 전통에 빛나는 우리들 조선인민朝鮮人民은 우리들과 우리들의 자손을 위하야 … "라고 시작하고, 제1조는 "조선은 민주공화국이다"로 돼 있었다. 유진오가 이를 정리하여 1948년 5월 미군정 사법부 법전편찬위원회에 제출한 헌법 초안에도 제1조는 "조선은 민주공화국이다"로 돼 있었다. 한편 행정연구회가 1946년 3월 작성한 헌법안 제1조는 "한국은 민주공화국임"이었다. 즉, 국호에 관하여 유진오·행정연구회안은 유진오안'조선'이 아니라 행정연구회안'한국'을 따른 것이다.[2]

헌법기초위원회는 6월 7일부터 유진오·행정연구회안과 권승렬안 등 두 개의 헌법안을 놓고 심의에 착수하여 진통 끝에 헌법기초위원회 헌법안을 완성하여 6월 23일 국회 본회의에 상정했다. 헌법기초위원회의 헌법안 심의 과정에서 국호 문제는 가장 논란이 많았던 부분 중 하나였다. 이는 서상일 헌법기초위원회 위원장이 국회 본회의 보고에서 "국호 문제가 많이 말이 있었습니다. 대한민국으로 하느냐, 고려공화국으로 하느냐, 혹은 조선이라고 이름을 정하느냐, 혹은 한韓이라고 하느냐 하는 국호 문제가 많이 논의가 되었든 것을 여러분에게 말씀드립니다"라고 밝힌 데서도 잘 드러난다. 두 개의 헌법안에 들어 있던 한국과 대한민국은 물론, 옛 왕조시대의 국호였던 고려와 조선까지 다시 등장해서 논쟁을 벌였던 것이다. 결국 국호는 헌법기초위원회의 헌법안 심의 첫날인 7일 격론 끝에 표결에 부쳐 대한민국 17표, 고려공화국 7표, 조선공화국 2표, 한국 1표로 '대한민국'으로 결정됐다.[3]

02

이승만이 주도한 '대한민국' 국호 제정

앞서 언급한 대로 헌법기초위원회에서는 국호를 놓고 상당한 논란이 있었지만 그 내용을 담은 헌법기초위원회 회의록이 발견되지 않아 자세한 내용을 알 수는 없다. 다만 헌법기초위원회의 헌법 심의 과정을 보도한 《조선일보》朝鮮日報 1948년 6월 9일자의 다음과 같은 기사를 통해 그 일단을 엿볼 수 있다.

즉 제1장 총강에 있어서 가장 주목되는 점은 국호 문제인바 당일 동 문제로 각 위원 간에 격론이 전개되었으나 결국 표결한 결과 대한민국 17표, 고려공화국 7표, 조선공화국 2표, 한국 1표로써 대한민국으로 낙착되었다 한다. 여기서 국호 결정을 위요한 헌위憲委 동향을 보면 이청천李青天 씨를 비롯하여 대한독립촉성국민회大韓獨立促成國民會, 독촉 계系에서는 의장 이승만 박사가 (국회) 개회 당일 식사式辭에서도 대한민국을 천명하였고 그때 이의가 없었던 만큼 그대로 추진시키는 것이 당연하다고 이 박사 주장을 지지하였다 하며, 한민당 출신 의원은 고려공화국을 역설하였든 것이라 한다. 하여간 헌법 작성에 있어서 그 지향이 주목되는 이때 헌위에서 대한민국의 국호 결정을 본 것은 앞으로 헌법 구성 기준을 가히 추측할 수 있다고 하며 따라서 대통령제와 책임내각제에 대한 논전이 일층 백열화될 것으로 관측된다.

《조선일보》 1948년 6월 9일

이 기사를 통해 몇 가지 사실을 확인할 수 있다. 첫 번째는 당시 초대 국회의장으로 헌법 제정작업을 지휘하고 있었고 초대 대통령으로 확실시되던 이승만 박사가 '대한민국'이란 국호를 지지했다는 사실이다. 두 번째는 이승만 박사와 함께 당시 건국작업을 추진하는 양대 세력을 이루고 있던 한국민주당이 뜻밖에도 '고려공화국'이란 국호를 주장했다는 점이다. 세 번째는 헌법기초위원회에서 국호 논란이 헌법 논의의 향후 방향, 특히 당시 초미의 관심사였던 권력구조와 관련해서 이해되고 있었다는 사실이다. 이제 이 가운데 당시 국호 논의와 관련하여 매우 중요한 의미를 지녔던 첫 번째와 두 번째 문제를 짚어보기로 한다.

이승만 박사는 국호로서 일찍부터 '대한민국'을 지지한다는 입장을 분명히 밝혔다. 이와 관련하여 특히 주목해야 할 것은

1948년 5월 31일 열린 제헌국회 개원식에서 그가 국회의장으로 한 식사式辭의 다음과 같은 내용이다.

우리는 오늘 민국民國 제1차 국회를 열기 위하여 모인 것입니다. … 우리는 먼저 헌법을 제정하고 대한독립민주정부를 재건설하려는 것입니다. 나는 이 대회를 대표하여 오늘에 대한민주국이 다시 탄생된 것과 따라서 이 국체國體가 우리나라에 유일한 민족대표기관임을 세계만방에 공포합니다. 이 민국은 기미년 3월 1일에 우리 13도 대표들이 서울에 모여서 국민대회를 열고 대한독립민주국임을 세계에 공포하고 임시정부를 건설하야 민주주의의 기초를 세운 것입니다. … 오늘 여기에서 열리는 국회는 즉 국민대회의 계승이요 이 국회에서 건설되는 정부는 즉 기미년에 서울에서 수립된 민국임정民國臨政의 계승이니 이날이 29년만에 민국의 부활일임을 우리는 이에 공포하며 민국 연호年號는 기미년에서 기산할 것이요. … 지금은 대한민국의 안위와 삼천만 민중의 화복이 전혀 우리 개인의 손에 달렸으니 … 일반 국회원들은 나와 함께 경경업업競競業業하는 성심성력誠心誠力과 애국애족의 순결한 지조로 기미년 국민대회원들의 결사혈투決死血鬪한 정신을 본받아 최후일인 최후일각까지 분투하여 나갈 것을 우리가 하나님과 삼천만 동포 앞에서 일심一心 맹약盟約합시다.

대한민국 30년 5월 31일 대한민국국민의회 의장 이승만

大韓民國臨政을復活

國會努力으로中央政府樹立

李博士朗讀

式辭

우리가 오날우리民[illegible]

第一次國會 를열기爲하야 모힌것

입니다우리가오날이잇게된데對하야첫

재로는하나님의恩惠와둘재로는우리愛

國男女들의犧牲的血戰한功勳과 셋재

로는우리友邦들特히美國과 유엔의公

義上援助를 깁히感謝치안흘수업는것

이승만 국회의장의 제헌국회 개원 식사를 보도한 1948년 6월 1일자《조선일보》

이승만이 여기서 말한 “기미년에 서울에서 수립된 민국임정”이란 3·1운동 직후인 1919년 4월 23일 13도 대표자 24인이 서울에서 국민대회를 열고 ‘임시정부 선포문’과 약법約法 등을 발표하며 구성한 정부이다. 우리 역사에서 보통 ‘한성정부’라고 불리는 이 임시정부는 공화제를 채택하고 최고지도자인 집정관총재에 이승만, 국무총리에 이동휘李東輝, 외무총장에 박용만朴容萬, 내무총장에 이동녕李東寧, 군무총장에 노백린盧伯麟, 재무총장에 이시영李始榮, 법무총장에 신규식申圭植, 학무총장에 김규식金奎植, 교통총장에 문창범文昌範, 노동국총판에 안창호安昌浩,

참모총장에 유동열柳東說을 각각 선임하는 등 정부 조직을 갖췄다. 한성정부의 각료들은 국내외의 중요한 독립운동가들을 망라했고, 또 정부 구성 사실이 세계적인 통신사인 UPI를 통해 전 세계에 타전됐기 때문에 많은 사람들에게 널리 알려졌다.

이승만은 국민대회 형식을 통해 구성된 한성정부의 수반首班으로 추대된 사실에 커다란 자부심을 갖고 있었고 워싱턴에 집정관총재 사무실을 개설했다. 한성정부는 상하이上海와 러시아 영토였던 연해주沿海州 지역에 각각 세워진 임시정부와 그해 9월 통합하여 상하이에서 대한민국임시정부가 출범했다. 그리고 국민대회란 형식을 통해 출범한 한성정부의 정통성 우위를 주장하는 이승만의 입장이 받아들여져 이승만이 통합 임시정부의 대통령으로 추대됐다.

이승만은 '한성정부 → 대한민국임시정부 → 대한민국'으로 이어지는 우리 역사의 정통성을 자신이 가지고 있다고 생각했고, 제헌국회를 한성정부를 탄생시킨 국민대회의 후신으로 자리매김하려고 한 것이었다. 그래서 그는 자연스럽게 대한민국이라는 국호를 강조했다. 그는 제헌헌법 제정과정에서도 줄곧 이런 입장을 견지했다.

이승만의 제헌국회 개원식 식사式辭는 당시 국회의원들에게 커다란 영향을 미쳤다. 제헌국회 국회의장이면서 독립운동의 상징적 존재였던 이승만의 발언은 국호를 둘러싼 논쟁에서 하

1948년 8월 15일 서울 중앙청에서 열린 대통령 취임식에서
이승만 초대 대통령이 화동으로부터 꽃다발을 받고 있다.

나의 지침처럼 작용했다. 그리고 헌법기초위원회가 국호를 '대한민국'으로 정하고 다른 헌법 조항들에 대한 심의에 한창이던 6월 17일, 이승만 의장이 이끄는 독촉대한독립촉성국민회은 헌법안에 대한 공식 의견을 담은 성명서를 발표하여 국호는 대한민국, 국회는 단원제, 권력구조는 대통령책임제로 해야 한다는 입장을 밝혔다.

이승만의 입장은 뒤에 살펴볼 헌법안의 국회 본회의 심의 과정에서 헌법 전문에도 반영됐다. 당초 유진오·행정연구회의 헌법안 전문은 "유구한 역사와 전통에 빛나는 우리 한국인민은 3·1혁명의 위대한 발자취와 거룩한 희생을 추억하며 불굴의 독립정신을 계승하여 지금 자주독립의 조국을 재건함에 있어서 … "로 시작했다. 그리고 헌법기초위원회가 국회 본회의로 넘긴 헌법안의 전문은 "유구한 역사와 전통에 빛나는 우리들 대한민국은 3·1혁명의 위대한 독립정신을 계승하여 지금 자주독립의 조국을 재건함에 있어서 … "로 시작한다. 즉, 국호를 '한국'에서 '대한민국'으로 바꾸었을 뿐, 골격은 유진오·행정연구회안을 그대로 따른 것이었다.

그런데 이승만은 7월 1일 국회 본회의에서 다음과 같이 발언했다. " … 여기서 우리가 헌법 벽두의 전문에 더 써넣을 것은 '우리 대한민국은 유구한 역사와 전통에 빛나는 민족으로서 기미년 3·1혁명에 궐기하여 처음으로 대한민국 정부를 세계에 선포하였으므로 그 위대한 독립정신을 계승하여 자주독립의 조국 재건을 하기로 함' 이렇게 넣었으면 해서 여기 제의하는 바입니다."

즉, 대한민국 정부가 1919년 3·1운동 직후에 이미 선포됐으며, 지금 만들어지는 대한민국 정부는 그것을 계승하여 다시 수립하는 것이라는 점을 보다 분명히 하자는 주장이었다. 국회 본회의는 이승만의 요청을 받아들여 헌법 전문에 대한 수정작업에 들어갔고 결국 최종 확정된 제헌헌법의 전문은 "유구한 역사와 전통에 빛나는 우리들 대한국민은 기미 3·1운동으로 대한민국을 건립하여 세계에 선포한 위대한 독립정신을 계승하여 이제 민주독립국가를 재건함에 있어서 … "로 시작됐다.

03

'고려공화국'을 주장한 한민당

한민당이 '고려공화국'이란 국호를 내놓은 것은 뜻밖이었다. '고려'는 뒤에 살펴볼 것처럼 광복 직후의 국호 논쟁에서 중도파가 선호하던 이름이었다. 우파가 '대한', 좌파가 '조선'을 주장한 것과 대비돼 중간파가 주로 '고려'를 내세웠던 것이다. 그런데 이승만·김구金九와 함께 우파 세력의 주축 중 하나였던 한민당이 '고려공화국'을 주장한 것이다.

한민당은 왜 고려공화국이란 국호를 내세웠던 것일까? 이는 역시 헌법기초위원회의 의사록이 남아 있지 않아 정확히 확인할 수는 없지만, 한민당 소속 제헌의원으로 헌법기초위원으로도 활동한 조헌영趙憲泳이 1948년 6월 6일자 《경향신문》京鄕新聞에 기고한 다음과 같은 글을 통해 그 논리를 엿볼 수 있다.

국호는 고려민국高麗民國으로 하는 것이 좋겠다. 그 이유는 첫째,

고려는 전 세계가 통용하는 우리나라의 국호인 것. 둘째, 고려는 우리나라가 완전히 통일된 때에 쓴 국호인 것. 셋째, 고려는 우리나라가 외국의 지배를 받지 않고 자주독립한 때의 국호인 것. 넷째, 고려라는 국호에는 민족적으로 반감, 대립감이 없는 것 등을 들 수 있다.

'한'은 삼한三韓으로 분립된 때 쓰던 국호인 것, '대한'은 일본이 침략의 방편으로 과도적으로 산출된 자주성이 없는 나라의 때 묻은 국호인 것, 또 '대한'이란 '대'大자는 제국주의를 표상하는 스스로 존대하는 것인 것, 해방 후 '대한'이란 국호에 까닭도 모르게나마 반감을 가진 민중이 적지 않은 것, 의식적으로 반대하는 사람도 많은 것 등으로 '한'이나 '대한'은 '고려'만 못한 감이 있다.

또한 '조선'은 단군조선 하나를 빼어놓고는 기자조선, 위만조선, 이씨조선이다. 중국의 지배를 받던 때의 국호요, 더욱 왜정倭政 36년간의 나라 없는 이 땅의 칭호가 '조선'인 것을 생각할 때 민족의식이 있는 사람은 조선을 국호로 하자는 사람은 없을 것이다. 해방 후 이 땅을 소연방蘇聯邦으로 편입하려는 인민공화국이 또한 국호를 '조선'이라고 한 데는 말할 여지도 없다.

"헌법 제정에 임(臨)한 사안(私案)", 《경향신문》 1948년 6월 6일

'고려'라는 국호는 이 무렵 조헌영뿐 아니라 한민당 인사들,

그리고 한민당과 직간접으로 관련이 있는 인사들이 집중적으로 지지하고 있었다. 한민당을 이끌던 김성수金性洙가 교주校主인 고려대의 초대 총장이었던 사학자 현상윤玄相允은 국회 헌법기초위원회가 국호를 '대한민국'으로 잠정 결정해서 국회 본회의에 상정한 6월 23일에 《동아일보》東亞日報 기고를 통해 다시 한 번 '고려민국'을 주장했다.

> 국호를 결정하는 요건은 역사의 사실에 정확한 근거를 두고 국가의 명예를 나타내고 국민의 이상을 만족시킬 만한 것이라야 할 것이다. 그런데 지금 기초위원회에서는 국호를 '대한'으로 결정하였다 하니 과연 그렇다 하면 대한은 이상의 요건에 비춰볼 때 비난할 점이 많고 일치되지 않는 것이 많다. 첫째로 대한이란 명칭이 조선 역사에서 불린 것은 고종 정유년 8월로부터 순종 경술 8월에 이르는 불과 13년 동안의 일이오, 또 삼한은 부락국가로서 한강이나 임진강 이남의 분산적·지방적 명칭임에 불과하고 하등 통일적·전국적 국호가 아니니 국호로서 국민의 이상을 만족시키지 못하는 것이오, 또 둘째로 대한은 소위 '일한합병'日韓合倂의 치욕을 받아 국사상에 있어서 영구히 잊을 수 없고 씻을 수 없는 오점이 찍혀 있는 이름이니 국호로 하야 국가의 명예를 보전치 못할 것이오, 셋째로 대한이란 대大자는 대영大英이나 대일본大日本과 같이 제국주의적 사상을 본떠서 지었던

것이 오늘날 민주주의와 평화주의를 국시國是로 표방하는 때에 이것을 국호로 채용하는 것은 불가하다고 생각한다.

그러면 국호는 무엇으로 정하는 것이 조흐냐 하면 나는 이것을 '고려민국'高麗民國으로 하는 것이 가可하다고 생각한다. 첫째, 고려는 세계인이 통칭하는 우리나라 지명에 일치하고, 둘째, 고려는 500년간 통일국가이던 왕씨 고려와 한漢민족으로 더불어 패覇를 다투던 동양사상의 영웅적 존재이던 고구려를 인용하는 것인 만큼 국민의 명예와 이상에 일치하는 까닭이다. 그밖에 '조선'도 있으나 이것은 일정日政시대의 오점과 조일선명朝日鮮明이란 관념은 일본 태양의 반영을 구가하는 것이니 이 역시 국민의 명예심을 만족시킬 수 없는 것이다.

"헌법제정과 나의 의견", 《동아일보》 1948년 6월 23일

한민당 관련 인사들이 '고려'를 국호로 주장하고 나선 데는 그들의 최고지도자였던 김성수의 생각이 많이 작용한 것으로 보인다. 1946년 8월 보성전문학교를 종합대학교로 승격시키면서 '고려대학교'란 교명校名을 새로 붙인 김성수는 '고려'라는 이름에 강한 애정을 보였다. 김성수의 측근으로 훗날 고려대 2~4대 총장을 역임하는 유진오는 그의 자서전인 《양호기養虎記 – 보전·고대 35년의 회고》에서 이와 관련하여 다음과 같이 증언했다.

대학의 이름을 '고려'로 정한 것은 인촌의 발상이었다. … 보성전문학교를 대학으로 승격하는 마당이므로 '보성대학교'란 이름도 일단 생각은 되었지만 인촌은 보전을 인계받던 당시부터 보성이란 이름을 별로 좋아하지 않았던 것이다. '조선', '안암' 등의 이름도 당연히 거론되었지만 인촌은 서슴지 않고 '고려'를 주장하였다.

우리가 만드는 대학은 반드시 우리나라나 민족을 대표하는 대학이 되도록 하여야 하겠는 만큼 교명校名도 반드시 그러한 뜻을 나타내는 것이어야 하겠는데 '조선'이나 '한국'은 역사상 이 민족에게 수모를 당한 일이 있어서 싫고, '고려'도 실은 여진, 몽고 등의 시달림을 받은 일은 있지만 '고구려'의 영광을 계승하여 좋다는 것이 그 이유였다. 우리나라의 외국어 명칭인 Korea, Corea, Corée도 '고려'의 음音을 표기한 것이 아니겠느냐는 것이었다.

그때 인촌은 앞으로 세워질 통일국가의 국호도 '고려'로 하고 싶은 복안을 가지고 있었던 것으로 나는 추측한다. 사실 1948년 우리 헌법을 국회에서 심의하던 당시 인촌이 영도하던 한국민주당은 국호를 '고려'로 하자는 수정안을 제출하기까지 하였던 것이다.

'고려공화국'을 주장하는 한민당의 입장은 상당히 완강했던 것 같다. 헌법 기초위원회에서 국호를 투표로 결정할 때 '고려공화국'을 지지한 7표는 한민당 소속 헌법기초위원의 숫자와 일치한다. 잡지 《신천지》 1948년 7월호에 실린 제헌헌법 제정에 관한 기사는 헌법기초위원회의 국호 논의 과정을 다음과 같이 전하고 있다.

> 먼저 기초위원회로서의 국호 결정에 관하여 대논전이 있어 좀체로 낙착이 되지 않은 까닭에 무기명 투표를 한 결과 대한민국이 17표, 고려공화국이 7표, 조선공화국과 한국이 각 2표로서 대한민국으로 결의되었다. 의의로 한민당계 위원들은 고려공화국으로 할 것을 주장하였든 것이다. 그러나 이승만 의장 영도하에 있는 독촉계 위원과 이청천 위원으로부터 '국회 개회 시에 의장 식사에 우리는 3·1운동에 의하여 수립된 대한임시정부를 계승한다고 하였다. 이에 여러분은 박수로서 응하고 나서 이제와서 고려니 조선이니 함은 조변석개朝變夕改도 분수가 있는 것이다'라고 대갈大喝하는 바람에 움직인 위원을 합한 수로 17인에 달하였던 것이다.
>
> 김영상(金永上), "헌법을 싸고 도는 국회 풍경", 《신천지》 1948년 7월호

'고려'를 국호로 주장했던 한민당은 헌법기초위원회가 마련한 헌법안이 국회 본회의로 넘어온 뒤에도 '대한민국'이란 국

호의 변경을 꾀한 것 같다. 1948년 6월 26일자 《경향신문》에는 다음과 같은 기사가 실렸다.

> 대통령책임제냐 혹은 내각책임제냐 하는 문제와 더불어 문제되어 있는 것은 국호인데 국회의원 간의 의견을 종합하면 대청大靑계를 제외한 거의 전 의원이 '고려공화국'을 지지하고 있다 한다. 그런데 '고려'를 택하는 이유는 '대한'은 사대적이라 하여 일반 국민의 지지를 받지 못하나 '고려'란 통일조선의 찬연한 역사를 가지고 있느니만치 국호 문제에 있어서는 거의 만장일치로 '고려'가 통과될 것이 확실시된다.
>
> "국호는 고려 - 만장일치 통과 확실시", 《경향신문》 1948년 6월 26일

그러나 당시 국회에서 국호 제정과 관련하여 진행되고 있던 논의의 실제 분위기는 이 기사와 상당히 달랐다. 결국 '고려'를 국호로 하려고 했던 한민당의 시도는 성공하지 못했다.

04

본회의, 국호에 대해 격론을 벌이다

새로 출범하는 국가의 국호는 헌법기초위원회에서 '대한민국'으로 잠정적으로 정해졌지만 헌법기초위원회가 마련한 헌법안이 6월 23일 국회 본회의로 넘어온 후에도 국호를 둘러싼 논란은 끊이지 않았다.

먼저 곽상훈郭尙勳 · 권태희權泰羲 의원이 질의서를 통해 "국호를 대한으로 정한 의의와 근거가 무엇이냐"고 물었다. 이에 대한 서상일 헌법기초위원장의 답변은 다음과 같았다.

> 대한이라 한 것은 여러분이 아시다시피 대한이라고 하는 말은 우리나라는 청일전쟁 중에 마관조약馬關條約에서 썼던 것을 여러분이 잘 아실 것입니다. 그때에 대한이라고 이름을 정한 것이올시다. 그래서 그것이 다시 한일합병으로 말미암아 대한이라고 하는 글자는 없어지게 된 것이올시다. 그러나 그동안 우리나라

에 일정한 국호가 없었든 것만큼 또 그 후에 3·1혁명 이후에 우리나라에서도 해외에 가서 임시정부를 조직해서 그때도 대한이라고 이름을 부쳐 내려온 것입니다. 또 이 국회가 처음 열릴 때에 의장 선생님으로부터 여러분에게 식사式辭를 말씀하시는 끝에도 대한민국 30년이라는 연호를 쓴 관계로서 이 헌법초안에도 아주 누가 이렇게 국호를 정해라 저렇게 해라 정할 수가 없어서 대한이라고 그대로 인용해서 실용實用한 것으로 생각하는 바입니다."

《제헌국회 속기록》 제1회 – 제18호

국회 헌법기초위원장으로서 헌법 제정의 실무를 이끄는 막중한 책임을 맡았던 서상일은 독립운동가 출신이었지만 국호와 관련된 인식 수준은 그렇게 높지 않았다. 그는 '대한'이라는 국호가 1895년 청일전쟁의 결과로 체결된 시모노세키조약馬關條約에서 처음 사용되었다고 했지만, 뒤에 살펴보는 바와 같이 이는 사실과 다르다. 대한이란 국호가 우리 역사에 처음 등장한 것은 1897년 '대한제국'大韓帝國 선포 때였다. 또 그는 '대한'이란 국호에 대해서 명확한 의미 부여를 하지 못하고 그저 3·1운동 후 임시정부가 사용했고, 이승만 국회의장이 제헌국회 개원식에서 언급했기 때문에 일단 그렇게 붙였다는 소극적인 설명을 내놓았다.

따라서 이어 벌어진 토론에서 의원들이 국호 문제를 놓고 갑론을박을 벌인 것은 어쩌면 당연한 결과였다. "대한민국은 민주공화국이다"라는 헌법 제1조의 서술은 '대한민국'이라는 명사 속에 '민주'라는 말이 이미 포함돼 있기 때문에 옥상옥屋上屋이라는 지적도 나왔고, '대'大자가 '대영'大英제국이나 '대일본'大日本제국과 같이 비민주적이며 자기를 높이고 남을 낮추는 봉건의식의 발로라는 주장도 제기됐다. 이런 주장들은 뒤에서 자세히 살펴볼 것처럼 탄탄한 역사적·이론적 배경을 가진 '대한민국'이란 국호에 대해 부정확한 인식을 담고 있었다. 하지만 헌법기초위원회는 이런 주장들에 대해 적절한 답변을 하지 못했다.

다양한 정치세력이 여러 가지 이유를 들어 제기한 '대한민국' 국호 반대론 중에서도 가장 강력하게 이의를 제기한 사람은 헌법기초위원이기도 했던 조봉암曺奉岩 의원이었다. 그는 국회 속기록에 등재된 미발언 원고를 통해 이승만이 주장한 대한민국 임시정부 계승론을 정면 반박했다.

> 일부 논자는 (국호 문제를) 대한민국임시정부의 법통法統 계승 문제와 결부해서 생각하는 모양인데 우리 인민의 대표가 여기서 헌법을 만들고 새 나라를 건설함에 있어서는 을사조약乙巳條約 이래로 민족정기로써 강도 일본제국주의 침략에 반대 투쟁한 해내해외海內海外에서의 수백만의 애국동포와 선열의 혁명적

투쟁의 전통과 그 정신을 계승하매 혁신적이고 진취적인 신흥 국가를 건립하자는 것이고 어떠한 명의名義를 답습함이 목적도 아니고 본의도 아닌 것입니다.

더욱이 중경 임정臨政의 주석이던 김구 선생이 이미 "지금 남조선에서는 대한민국의 법통을 승계할 아무 조건도 없다"고까지 반대의사를 표시한 바도 있는 바이니 대한민국이란 말은 역사적 합리성으로 보거나 체제로 보거나 형식적 법통으로 보거나 천만부당합니다.

그런데 일부 논자가서상일 의원 등 이 국회 개원일에 임시의장이든 이승만 박사께서 식사式辭 중에 대한민국의 법원法院·法源의 오기로 추정됨 운운한 것을 그 문자 그대로 옮겨 쓰기를 주장하는 듯합니다. 대체 국호와 같은 중대한 것은 인민 전체, 적어도 인민의 대표기관인 국회에서 논의 결정될 것이지 어느 개인이 임의로 지어내서 마음대로 쓸 수 있는 성질의 것이 아닙니다. 더욱이 당시의 임시의장이자 위대한 정치가이신 이승만 박사께서 그렇게 법에 어그러지고 경우에 틀리는 처사를 하실 리가 만무합니다. 그는 어디까지나 혁명적 투쟁의 전통을 고조하는 나머지에 그러한 표현을 한 것에 불과한 것으로 믿습니다. 이렇게 일시 잘못된 표현을 합리화해가지고 그것이 무슨 법전法典인 것 같이 대한민국을 고집하는 것은 매우 유감된 일입니다.

《제헌국회 속기록》 제1회 – 제21호

일제강점기에 1925년 조선공산당 창당에 참여하는 등 국내외에서 좌익운동을 했고 광복 후 전향하여 5·10선거에 참여했던 조봉암의 이 원고는 새 국가 건설과정에서 국호 제정을 둘러싸고 여러 정치세력이 벌이던 치열한 정통성 경쟁의 여러 측면을 드러낸다. 조봉암은 우선 새로 수립되는 정부의 법통法統을 특정 독립운동 세력, 좀더 구체적으로는 대한민국임시정부의 계승에만 두는 것에 은연중 반대하였다. 이는 아마도 그렇게 할 경우 자신을 포함해서 임정의 테두리 밖에서 독립운동을 해온 좌파 내지 중간파 세력에 불리하기 때문이었을 것이다. 그러면서 그는 광복 당시 충칭重慶에 있던 대한민국임시정부를 이끌던 김구 주석이 남한에 세워지는 정부가 임시정부의 법통을 잇지 않는다고 주장하는 것에 기댄다. 조봉암 자신은 임정 지지자가 아니면서도 '대한민국'이란 국호를 저지하기 위해 임정과의 연합전선을 펴려고 하는 것이다. 그리고는 신생 국가의 국호 제정처럼 중요한 문제를 아무리 국회의장이라고 해도 이승만 박사 혼자서 정할 수는 없다고 강조한다.

조봉암이 지적한 것처럼 그 무렵 국회 밖에서는 대한민국이라는 국호를 놓고 이를 주도하던 국회의장 이승만과 대한민국임시정부 주석 김구 사이에 신경전이 벌어지고 있었다. 1948년 5월 31일 제헌국회 개원식 식사를 통해 '민국임정民國臨政의 계승'을 천명했던 이승만은 6월 7일 국회의장 취임 후 처음으로 기자단과 가진 회견에서 "기미년 임시정부를 계승한다고 한 것은 어느 정부를 말하는 것인가"라는 질문에 "대한임시정부를 말하는 것"이라고 답변했다. 그러자 같은 날 김구는 기자회견에서 "국회에서 이승만 씨가 대한민국을 계승할 것을 언명하였는데"라는 질문에 대해 "현재의 의회의 형태로서는 대한민국임정의 법통을 계승할 아무런 조건도 없다"고 하여 부정적 입장을 분명히 했다.《조선일보》 1948년 6월 8일자 이어 국회 본회의가 국호를 대한민국으로 확정했음을 전하는 1948년 7월 2일자 《조선일보》에 실린 김구의 인터뷰 기사는 '대한민국' 국호 사용에 대한 그의 반대 입장을 보다 분명히 보여준다.

> 김구 씨는 1일 경교장에서 왕방往訪한 기자와 회견하고 다음과 같은 문답을 하였다.…
>
> 문問 = 국회에서는 대한민국 국호 문제로 임정계의 반대 의견을 우려하야 상당히 논의되고 있는데?
>
> 답答 = 대한민국 국호를 어떠한 사람이 계승한다 하여도 세계 각국에서 승인을 받을 만한 조건을 구비하지 않고서는 아니 될 문제다. 임정에서 이양한다 하여도 남북을 통한 총선거를 통하야 남북 통일정부를 수립하여야만 되며 현재의 반조각 정부로서는 계승할 근거가 없다. 정부를 하나 아니라 열을 만들었다 하여도 법적으로 조직이 아니된 정부는 법통을 계승할 수 없다.

당시 남·북한에 각각 단독정부 수립이 본격화되는 현실을 안타까운 마음으로 바라보던 김구는 통일정부가 수립되지 않는 한 어느 한쪽도 '반조각 정부'이기 때문에 '대한민국'이란 국호를 사용할 자격이 없으며 대한민국임시정부의 법통을 계승하지 못한다는 입장을 밝힌 것이다.

이런 갑론을박 속에서 헌법기초위원회가 잠정 결정한 '대한민국'이란 국호를 최종적으로 확정짓는 데 결정적인 역할을 한 사람은 역시 이승만 국회의장이었다. 그는 찬반 토론에 앞서 다시 한 번 의원들에게 국호 제정에 너무 많은 시간을 쏟지 말고 빨리 결론지을 것을 촉구했다. 앞에서도 인용했던 한 잡지 기사는 당시 상황을 이렇게 전하고 있다.

> 7월 1일부터 제2독회로 들어갔는데 이승만 박사로부터 축조逐條토론에 앞서 "의견이 다르다고 해서 각자가 자기의견을 내세우면 언쟁이 날 것이고 언쟁이 나면 밖에서 이러니 저러니 역선전을 할 것이니 주의하기 바란다. 그리고 곧 국호 문제 토론이 시작될 모양인데 국호가 잘 되지 않아서 독립이 안 되는 것이 아니니 3·1운동에 의하여 수립된 임시정부의 국호대로 대한민국으로 정하기로 하고 국호 개정을 위한 토론으로 1분이라도 시간을 낭비함으로써 헌법 통과에 방해가 되지 않도록 합시다"라는 발언이 있자 어처구니없을 만치 국호는 물론 제16조까지 초

안대로 일사천리로 통과되었다.

김영상, "헌법을 싸고 도는 국회 풍경", 《신천지》 1948년 7월호

이승만 국회의장이 분위기를 주도하는 가운데 진행된 국회 본회의의 찬반 토론에서 '대한민국'이란 국호를 지지하는 발언이 반대론을 압도했고, 1948년 7월 1일 제22차 본회의부터 시작된 축조심의에서 찬성 163표, 반대 2표로 새 국가의 국호는 다시 한 번 '대한민국'으로 결정됐다. 그리고 제헌헌법 전문全文에 대한 축조심의를 마친 뒤인 1948년 7월 12일 제헌국회 제28차 본회의에서 제헌헌법이 만장일치로 통과됨으로써 '대한민국'이라는 국호는 최종 확정됐다.

대한민국 정부수립 국민 축하식

05

이승만 정부, '대한민국'을 정착시키다

제헌국회의 의장으로 헌법 제정작업을 주도했던 이승만은 1948년 7월 1일 시작된 헌법안 제2독회에서 헌법기초위원회가 결정한 '대한민국'이란 원안을 일단 통과시키자면서 이렇게 제안했다.

> 국호 개정이 잘 되었다고 독립이 잘 되고 국명國名이 나쁘다고 독립이 잘 안 될 것은 아니고 그런 것은 문제가 안 됩니다. 그래서 이 국호 개정이 제일 시간이 많이 걸리기 때문에 나는 1분 동안이라도 빨리 우리 헌법을 통과시켜야 될 것이니까 그것 잘 아시도록 내가 부탁하는 겁니다. 그러니까 국호는 차차 국정國情이 정돈되어가지고 거기에 민간의 의사를 들어가지고 대다수의 결정에 의하여 그때 법으로 작정하는 것이 좋으리라고 생각합니다. 그러니까 국호 문제에 있어서는 다시 문제 일으키지 말기를

또 부탁하는 것입니다.

《제헌국회 속기록》 제1회 - 제22호

즉, 헌법 제정이 시급한 만큼 우선 국호를 대한민국으로 정해놓고 차차 나라가 안정되어가면 다시 논의하자는 것이었다. 1948년 7월 2일자 《동아일보》는 이날 국회의 분위기를 " … 제1조 '대한민국은 민주공화국이다'에서 국호는 우선 원문대로 통과시키고 헌법이 제정된 후 적절한 기회에 민의와 상론하여 좋은 것이 있다면 고치기로 하고 민주공화국은 중복이라는 반대가 있었으나 이것도 과반수로 부결되어 결국 제1조는 원문대로 가결되었다"고 전했다.

이승만은 통합 대한민국임시정부가 출범한 1919년 9월 이래 줄곧 한민족의 임시정부를 '대한민국임시정부'라고 불러왔다. 하지만 광복 직후만 해도 이승만은 '대한민국'이란 국호를 절대적으로 고집하는 입장은 아니었다. 그는 1945년 10월 16일 환국 직후 가진 기자회견에서 "우리는 1919년 만세운동 때부터 대한민국이라는 국호로 우리의 새 정권을 만들고 일본제국주의의 야만적 기만정권에 항전하여왔다"고 말했다. 그러면서도 "국호를 왜 대한민국이라 하였는가"라는 기자의 질문에 대해서는 "일본제국주의가 우리나라를 침략하여 조선이라는 이름을 붙였으므로 우리는 그것이 싫었다. 그래서 대한이라는 국호로 하였으니 이 문제에 대하여는 우리가 완전 독립되는 날 한데 한자리에 모여 얼마든지 상의하고 다수 의견에 좇아 개정할 수도 있다고 나는 믿는 바이다"고 답변했다.

하지만 적절한 기회에 국호를 다시 논의하기로 한 이승만의 약속은 지켜지지 못했다. 그리고 '대한민국'을 국호로 정한 데 이어 남북한의 대치 상황이 격화되면서 지명에도 이와 관련된 용어를 사용하기 위한 조치가 시행됐다. 이승만 정부는 1950년 1월 16일 국무원고시 제7호로 '국호 및 일부 지명과 지도 색 사용에 관한 건'을 공포하였다.

1. 우리나라의 정식 국호는 '대한민국'이나, 사용의 편의상 '대한' 또는 '한국'이란 약칭을 쓸 수 있으되 북한 괴뢰정권과의 확연한 구별을 짓기 위하여 '조선'은 사용하지 못한다.
2. '조선'은 지명으로도 사용하지 못하고 '조선해협'朝鮮海峽, '동조선만'東朝鮮灣, '서조선만'西朝鮮灣은 각각 '대한해협'大韓海峽, '동한만'東韓灣, '서한만'西韓灣으로 고쳐 부른다.
3. 정치 구분 지도에 있어서 우리나라의 색色은 녹색으로 하고 붉은 색은 사용하지 못하며 우리나라의 색을 뚜렷이 나타내기 위하여 이웃의 중국은 황색, 일본은 분홍색, 소련은 보라색으로 한다.

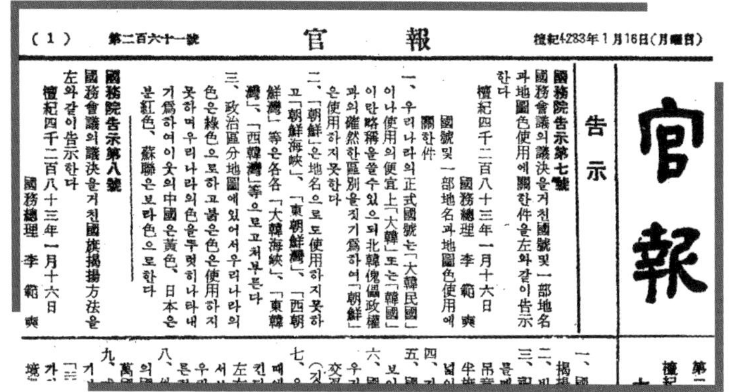
(1) 第二百六十一號 官報 檀紀4283年1月16日(月曜日)

官報

告示

國務院告示第七號
國務會議의議決을거친國號및一部地名과地圖色使用에關한件을左와같이告示한다
檀紀四千二百八十三年一月十六日
國務總理 李範奭

國號및一部地名과地圖色使用에關한件

一、우리나라의正式國號는「大韓民國」이나使用의便宜上「大韓」또는「韓國」이란略稱을쓸수있으되北韓傀儡政權과의確然한區別을짓기爲하여「朝鮮」은使用하지못한다

二、「朝鮮」은地名으로도使用하지못하고「朝鮮海峽」、「東朝鮮灣」、「西朝鮮灣」等은各各「大韓海峽」、「東韓灣」、「西韓灣」等으로고처부른다

三、政治區分地圖에있어서우리나라의色은綠色으로하고붉은色은使用하지못하며우리나라의色을뚜렷히나타내기爲하여이웃의中國은黃色、日本은분紅色、蘇聯은보라色으로한다

國務院告示第八號
國務會議의議決을거친國旗揭揚方法을左와같이告示한다
檀紀四千二百八十三年一月十六日
國務總理 李範奭

'조선'이라는 어휘 사용을 금지한 국무원고시를 게재한 관보

'조선'을 지명에서도 추방하는 내용의 국무원고시가 나오게 된 배경은 1948년 9월 9일 북한 지역에 '조선민주주의인민공화국'이 수립됐다는 사실이었다. 비슷한 시기에 수립된 남·북한의 두 정부가 민족사의 정통성을 놓고 치열하게 경쟁하기 시작한 상황에서 상대방의 국호가 우리 영토에서 널리 사용되는 상황을 방치할 수 없었던 것이다.

당시의 경직됐던 분위기는 《조선일보》의 제호題號를 둘러싸고 벌어졌던 해프닝에도 반영돼 있다. 국무원고시 제7호가 제정되고 6·25전쟁이 일어난 후인 1950년 8월 전시내각의 공보처장에 임명된 김활란金活蘭 이화여대 총장은 "《조선일보》의 '조선'이라는 제호는 북이 쓰는 국호이니 이를 바꿔야 한다"고 주장했다. 국무회의에서 이 문제를 놓고 격론이 벌어졌고, 결국 이승만 대통령에게 결정을 요청하게 됐다. 이승만 대통령은 한참을 망설이더니 "《조선일보》는 일제 때부터 사용한 고유명사인데 '조선'이면 어떻고 '한국'이면 어떠냐"고 말해《조선일보》의 제호는 살아남게 됐다고 한다.

06

보론 – 북한, '조선민주주의인민공화국'을 국호로 정하다

일본제국주의의 식민지에서 벗어난 한반도는 북위 38도선을 경계로 미군과 소련군이 각각 진주함으로써 분단 상태에 들어갔다. 그리고 새로운 나라를 세우려는 움직임은 한반도의 남쪽뿐 아니라 북쪽에서도 활발하게 진행됐다. 정부 수립을 향한 남북한의 경쟁적인 움직임은 서로 상당한 영향을 주면서 진행됐기 때문에 남쪽의 정부 수립과 국호 결정과정을 이해하기 위해서는 북쪽에서 벌어진 상황을 알아야 할 필요가 있다.

북한에서 정부 수립의 전前단계인 헌법 제정 움직임이 시작된 것은 1947년 11월 북조선인민회의가 '조선임시헌법제정위원회'를 구성하면서였다. 1947년 2월 북한 지역의 각 도·시·군 인민위원회 대표들이 모여 출범시킨 북조선인민회의는 그해 11월 18~19일 제3차 회의에서 조선임시헌법 초안을 작성할 '조선임시헌법제정위원회'를 출범시켰다. 한글학자 김두봉金枓奉이 위원장을 맡고 김일성金日成·최용건崔庸健·이기영李箕永·강양욱康良煜 등 31명으로 구성된 '조선임시헌법제정위원회'는 11월 20일 제1차 회의를 열고 북조선인민회의 상임위원회 법전부장인 소련계 한인 김택영金澤榮, 역사학자 이청원李淸源, 북조선최고재판소 판사 김윤동金潤東 등 3인을 임시헌법 초안 작성위원으로 임명했다.

북한이 헌법 제정 준비에 착수한 것은 1947년 8월 남한의 입법기구인 남조선과도입법의원이 헌법안에 해당하는 '조선임시약헌'朝鮮臨時約憲을 통과시킨 것을 구실로 했다. 1946년 12월 출범한 남조선과도입법의원은 미군정이 지명한 관선官選의원 45명과 간접선거로 선출된 민선民選의원 45명으로 구성됐다. 남조선과도입법의원의 역할은 미군정이 적용할 법령의 초안을 만들어 군정장관에게 제출하는 것으로 정상적인 대의기구와는 차이가 있었다. 이런 제한적인 위상에도 불구하고 남조선과도입법의원은 의욕적으로 법령 정비에 들어갔으며, 헌법안에까지 손을 대 1947년 8월 6일 총 7장 57조로 구성된 '조선임시약헌'을 통과시켰다. 하지만 이 헌법안은 미 군정장관의 동의를 얻어야 효력이 발생하는데 미군정은 석 달이 넘게 아무런 조처를 취하지 않고 있다가 11월 24일 인준 보류의 뜻을 통보해왔다.

남한의 헌법안 마련은 이처럼 무산됐지만 남한이 헌법안 마련에 착수했다는 소식은 1947년 2월 김일성이 이끄는 북조선인민위원회를 출범시킨 이후 단독정부 수립을 준비하고 있던 북한에 좋은 빌미가 됐다. 김일성은 북조선인민회의 제3차 회의가 시작되기 며칠 전 자신이 이끄는 북조선인민위원회 국·부장들을 불러서 "이번 회의에서는 조선헌법 제정 준비 문제를 토의하게 된다"며 다음과 같이 말했다고 한다.

> 놈들이 '립법의원'이라는 허수아비 기관을 만들어내고 소위 '남조선림시헌법'이라는 것까지 조작했으며 단독정부 수립을 위한 유엔림시위원단을 날조해낸 오늘 미제의 야망이 무엇이며 그의 비호하에 있는 친일파, 민족반역자들의 속심이 무엇인가 하는 것은 백일하에 드러났다. … 이러한 형세하에서 우리 인민은 자주의 기치를 높이 들고 이미 우리 당이 내세운 정치로선에 따라 민주주의인민공화국을 하루빨리 창건하여 이 땅 우에 민주주의 자주독립국가를 건설하기 위한 투쟁을 더욱 힘 있게 다그쳐나가야 한다.
>
> 허정숙, 《민주건국의 나날에》, 252쪽

조선임시헌법제정위원회 위원장인 김두봉도 1948년 4월 북한 헌법안 통과를 위해 열린 북조선인민회의 특별회의에서 '조선민주주의인민공화국 헌법 초안에 관한 보고'를 통해 남한의 '조선임시약헌'을 거세게 비난했다.

우리 인민이 소위 남조선입법의원에서 채택한 조선임시약헌을 격분으로서 거부한 것은 이 초안이 시종여일하게 반反민주주의적이며 반동적反動的 성격을 가진 것이며, 이 약헌 초안은 대지주와 자본가들의 주권을 확인하였으며 … 방대한 근로 인민대중에게 실제적이고 민주주의적인 권리를 주지 아니하였으며 … 이러한 헌법을 조선인민은 요구하지 않습니다.

북조선인민회의 특별회의 회의록, 《북한관계사료집》 8권, 223쪽

조선임시헌법제정위원회는 1948년 2월 6~7일 열린 북조선인민회의 제4차 회의에 헌법안을 제출했다. 이 헌법안은 두 달 동안 '전 인민적 토의'에 부쳐졌고, 이 기간 동안 5만 8,000통의 지지 결정서와 2,236통의 수정안·첨가안이 제출됐다. 이어 헌법 제정을 심층적으로 논의하기 위한 북조선인민회의 특별회의가 1948년 4월 28~29일 개최됐다. 이 자리에서 10개 장, 102개 조항으로 이루어진 '조선민주주의인민공화국 헌법'이 만장일치로 채택됐다.

북한 헌법은 국호와 관련, 제1조에서 "우리나라는 조선민주주의인민공화국이다"라고 규정했다. 남한에서 국호를 놓고 '한', '고려', '조선' 등이 논란을 벌인 것과는 달리 북한에서는 '조선'이란 국호에 아무런 이의가 제기되지 않았다. 이미 일제가 물러간 후 북한 지역에 만들어진 정당·사회단체·행정기구

는 대부분 '조선'이라는 이름을 사용하고 있었다. 1945년 10월 '조선공산당 북조선분국'이 설치됐고, 11월에는 북한 지역의 민족주의자들이 '조선민주당'을 창당했다. 이어 천도교를 기반으로 하는 '북조선천도교청우당', 중국에서 귀국한 조선독립동맹 간부들이 만든 '조선신민당' 등이 잇달아 발족했다. 1946년 2월에는 북한 지역의 최고 주권기관으로 '북조선임시인민위원회'가 출범해 김일성을 위원장으로 선출했다. 그리고 1947년 2월에는 북한 지역의 최고 주권기관인 북조선인민회의와 최고 집행기관인 북조선인민위원회가 조직됐다. 이처럼 북한에서는 '조선'이라는 나라 이름이 이미 일반화돼 있었다.

'조선민주주의인민공화국'이란 나라 이름은 '조선', '민주주의', '인민공화국'의 세 부분으로 이루어졌다. 이 중에서 특히 방점이 두어진 것은 '민주주의'라는 단어였다. '전 인민적 토의' 과정에서 국호가 너무 길다는 이유로 '조선인민공화국'으로 하자는 의견이 제시됐지만, 조선임시헌법제정위원회는 "인민들의 절대 다수가 이미 우리들에게 보편화된 민주주의인민공화국이라는 칭호를 그대로 보존하자고 제의한다"는 이유를 들어 이를 받아들이지 않았다. 김두봉 조선임시헌법제정위원회 위원장은 북조선인민회의 특별회의의 보고를 통해 이렇게 말했다.

… 우리 인민은 진정으로 민주주의적이며 진보적인 헌법을 요망

하고 있습니다. … 조선헌법 초안은 진정한 인민주권人民主權의 원칙과 진정한 인민적 민주주의 원칙과 인민적 민주주의인민공화국의 원칙을 기초로 하였습니다.

'조선민주주의인민공화국'이라고 할 때의 민주주의는 선거를 통해 대표자를 선출하는 절차적 민주주의를 가리키는 것이 아니다. 그것은 '인민들이 자기 손에 주권을 잡고 자기의 인민주권기관인 인민위원회들을 창건하는 것으로부터 시작된' 북한의 이른바 '민주개혁'民主改革을 토대로 하는 것이다. 당시 북한 용어를 따르면 '인민적 민주주의'라고 불렀던 이런 의미의 민주주의는 남한의 부르주아 민주주의와는 분명히 대비되는 것으로 설정되었다.

북조선인민회의의 한 대의원은 북한 헌법 토론과정에서 이와 관련, "민주주의를 거기에 첩부貼付함으로 놈들지주·자본가은 더욱 낭패할 것이며, 그들을 제외한 전체 인민은 미국식 민주주의를 무찌르는 새 인민적 질서에로 돌진하는 민족적 투쟁구호가 되기 때문"이라고 말했다. 김두봉 역시 북한 헌법을 통과시키는 최종 심의에서 " '조선민주주의인민공화국'이라는 국호는 이미 우리 인민의 절대다수에게 보편화됐을 뿐만 아니라 우리 인민들의 기본적인 투쟁구호로 되어 있기 때문에 원안대로 한 것"이라고 강조했다.

'조선민주주의인민공화국'이라는 북한 국호에서 '민주주의'가 지니는 특별한 의미는 1948년 7월 9~10일 열린 북조선인민회의 제5차 회의에서 북조선인민위원회 위원장인 김일성이 한 '북조선인민회의 특별회의에서 찬동한 조선민주주의인민공화국 헌법 실시에 관하여'라는 제목의 연설에 집약돼 있다.

> … 나는 우리가 헌법을 실시함으로써 북조선에서 실시한 민주건설의 성과를 법적으로 확고히 한다는 것을 이미 지적하였습니다. 북조선 인민들은 인민위원회를 조직하고 민주개혁을 실시함으로써 거족적 진보를 하여왔습니다. 북조선 인민들은 정치적 분야에서 소위 '부르죠아 민주주의' 국가들을 멀리 뒤떨어 놓았습니다. 우리는 인민적 민주주의 발전의 길로 앞으로 나아가야 하겠습니다. 우리는 소위 남조선 괴뢰 '국회'가 욕망하는 지주·대자본가·반동분자들을 위한 '민주주의'로 퇴보하지 말아야 하겠습니다.
>
> 북조선인민회의 제5차 회의 회의록, 《북한관계사료집》 8권, 358쪽

김일성이 강조하는 것처럼 '조선민주주의인민공화국'이란 이름은 북한이 1946년 2월 북조선임시인민위원회 수립 이후 진행해온 이른바 '민주개혁'의 성과를 토대로 하고 있으며, 남한과의 경쟁에서 우위를 점하여 이를 한반도 전역으로 확산시켜

야 한다는 강한 자의식을 담고 있었다. 김일성은 이미 1947년 6월 북조선민주주의민족전선 산하의 정당·사회단체 열성자대회에서 '민주주의조선림시정부를 세우는 것과 관련하여 모든 정당·사회단체들은 무엇을 요구할 것인가'라는 보고를 통해 북한에 수립될 정권의 성격과 헌법에 담길 주요 내용을 제시한 바 있었다. 그리고 1947년 11월 헌법임시제정위원회 출범을 앞두고 "헌법의 제정은 또한 남북의 전체 조선인민들에게 우리가 가져야 할 새 조선의 헌법, 앞으로 거족적 투쟁으로 창건할 민주주의 자주독립국가의 기본법이 어떤 것으로 되어야 하는가를 실제로 체득시키기 위해서도 필요하다"라고 강조했다.

'조선민주주의인민공화국'이냐 '조선인민공화국'이냐는 논쟁은 북한 정권의 주도권을 놓고 공산당 내에서 벌어진 갈등의 반영이기도 했다. 일제강점기에 사회주의 여성운동가로 활동했고 광복 후에는 북한으로 가서 북조선인민위원회 선전부장 등으로 활동했으며 북한 정권 수립 후에 문화선전상·사법상 등을 역임한 허정숙許貞淑의 회고《민주건국의 나날에》에 따르면 일제강점기에 화요파에 속해서 활동했고 광복 직후 서울에서 '조선인민공화국'을 내걸었던 몇 명의 공산주의자들이 평양으로 가서 '인민공화국'을 주장했다. 그때 김일성은 이들이 내세우는 인민공화국은 친일파와 민족반역자를 포함시켜서 조선민족이면 누구나 참가한다는 반동적인 정권이라며 "국가 정권의 계급적 성격까지 무시하고 국호를 제정하려는 것인가"라며 거세게 비판하고 "우리는 친일파와 민족반역자를 제외한 각계각층의 광범한 애국역량을 묶어세운 민주주의민족통일전선에 기초하여 부강한 자주독립국가를 세워야 하며 이러한 국가는 민주주의인민공화국으로 되어야 한다"고 강조했다는 것이다. 그런데 이들이 헌법 제정과정에서 다시 '조선민주주의인민공화국'이라는 이름이 너무 길다고 문제를 제기했지만 "우리 당의 정치노선에 밝혀진 민주주의인민공화국이란 국호에 대하여 시비하는 자들의 속심은 딴 데 있다. 그것은 종파주의자들의 더러운 정치적 야욕에서 나온 것"이라는 김일성의 단호한 태도로 무산됐다고 한다.

북조선인민회의 제3차 회의가 조선임시헌법제정위원회를 만들면서 위임한 헌법 작성은 남·북한을 아우르는 통일국가를 전제로 한 것이었다. 하지만 현실적으로는 남한에 이 헌법을 적

'조선민주주의인민공화국'수립 기념사진

용할 수 없었기 때문에 북조선인민회의 특별회의가 헌법안을 통과시킨 후 열린 제5차 회의는 "전조선이 통일되기까지 북조선인민회의 특별회의에서 찬동贊同한 조선민주주의인민공화국 헌법을 북조선 지역에서 실시한다"고 결정했다. 즉, 이 헌법을 일단 북한 지역에만 적용한다는 것이었다.

그런데 남쪽에 대한민국 정부가 출범한 뒤 북쪽에도 공식적인 조선민주주의인민공화국 정부를 세우면서 북한은 이 정부가 한반도를 대표하는 합법정부라고 주장하기 위해 다시 한반도 전역을 적용 대상으로 하는 헌법 제정작업에 착수했다. 1948년 8월 출범한 북한 최고인민회의는 49명의 대의원으로 헌법위원회를 구성하고 조선임시헌법제정위원회 위원장이었던 김두봉을 다시 헌법위원장으로 선출했다. 이들은 앞서 만들어진 헌법에 대한 부분적인 수정작업을 거쳐 9월 8일 조선민주주의인민공화국 헌법을 채택했다.

이 과정에서 남한에서 그 얼마 전에 제정된 '대한민국 헌법'에 대한 비판이 거듭 제기됐고, '조선민주주의인민공화국 헌법'에 대한 옹호가 다시 되풀이됐다. 김두봉 헌법위원장은 9월 6일 열린 최고인민회의에서 보고를 통해 다음과 같이 말했다.

> 남조선 '국회'는 완전히 지주와 자본가들로서 구성되었으니 그 성분으로 보아 벌써 인민의 권익을 대변하는 헌법을 제정할 수

없으며 실지에 있어서 그렇게 되었습니다. … 반동적反動的 국회에서 조작해낸 이 '헌법'은 인민들의 어떠한 민주주의적 승리도 확고히 하지 않았을 뿐만 아니라 도리어 남조선 인민들의 민주주의적 투쟁을 말살하려는 도구에 지나지 않습니다. …

(북한) 헌법의 철저한 민주주의적 원칙은 무엇보다 먼저 본 헌법의 인민적 국가주권의 원칙을 확고히 한 것으로 표현되는 것입니다. 이에 대하여는 본 헌법 제1조가 이를 잘 말하여주는 것이니 그에 의하면 "우리나라는 조선민주주의인민공화국이다"라고 하였습니다. 민주주의인민공화국은 새로운 국가 형태입니다. 이는 쏘련을 제외한 어떤 다른 국가형태보다도 민주주의적이며 우리 인민의 의사에 부합되는 것입니다.

《최고인민회의 제1차 회의 회의록》, 63~68쪽

이처럼 북한의 헌법 제정은 남한의 헌법 제정을 의식하면서 진행됐다. 따라서 남한의 헌법 제정 역시 북한의 움직임에 영향을 받지 않을 수 없었다. 특히 나라의 얼굴이라고 할 '국호'는 점점 더 매우 민감한 문제가 됐다.[4]

'조선민주주의인민공화국'이란 북한의 국호는 이 마지막 단계에서 다시 한 번 논란이 됐다. 최고인민회의에서 헌법위원회를 구성하던 1948년 8월 초 조선노동당 중앙위원회 상무위원회에서 국호 문제가 안건에 오르자 '지난날 공산주의 운동을 했다는 자'가 "국호에 '인민'을 넣으면 공산당 정권인 것 같은 인상을 주고 통일전선에 지장을 주니 빼자"고 말했다. 그러자 다른 자가 "우리의 목표는 공산주의인데 과도적인 표현인 '민주주의'를 넣어 혼란을 줄 필요가 없다"고 주장했다.

이에 대해 김일성은 "인민을 빼자는 주장은 남조선 극우반동들이 주장하는 것과 조금도 다름이 없을 뿐 아니라 그들의 주장을 비호하고 따르려는 위험한 사상이다. 민주주의를 빼자는 주장은 우리 혁명 발전의 현 단계 임무를 옳게 인식하지 못하고, 특히 조국이 남북으로 양단된 조건에서 혁명을 수행한다는 것을 무시한 데서 나오는 매우 그릇된 주장"이라고 반박해 '조선민주주의인민공화국'으로 최종 확정됐다고 한다.

광복 후 국호를 둘러싼 논쟁

01 미·소공동위원회 답신안에 나타난 국호
02 지식인들의 국호 논의
03 '대한민국'의 주창자 조소앙

광복 후 새로 만들어지는 나라의 국호에 대해 정치권은 물론 당대를 대표하는 학자와 언론인 등 지식인들도 다양한 의견을 내놓았다. 언론인 설의식은 '대한'과 '조선'에 모두 반대하며 '새한'을 대안으로 제시했고, 사학자 손진태는 당시 국호로 유력하게 거론되고 있던 명칭들을 역사적 관점에서 검토한 후 '고려'를 새 국가의 국호로 지지했다. 독립운동가 조소앙은 대한민국임시정부의 법통을 계승하는 이름으로 '대한민국'을 인정했다.

1945년 8월 15일 일제가 패망한 후 새로 만들어지는 나라의 이름은 다양하게 제시됐다. 광복 직후 여운형呂運亨을 중심으로 발족한 건국준비위원회가 9월 6일 선포한 나라 이름은 '조선인민공화국'이었다. 그러나 좌파 세력이 주도한 조선인민공화국에 반대한 우파 세력들은 환국을 앞두고 있는 '대한민국임시정부' 봉대론을 내세웠다.

'우파 = (대)한', '좌파 = 조선'이란 대립 구도는 국호뿐 아니라 정당·사회단체의 이름에도 그대로 드러났다. 우파의 3대 세력이었던 이승만·김구·김성수가 만든 정치조직의 이름은 각각 '대한독립촉성국민회', '한국독립당', '한국민주당'이었다. 좌파의 유력 세력이었던 박헌영朴憲永·여운형·백남운白南雲이 만든 정치조직의 이름은 '조선공산당', '조선인민당', '남조선신민당'이었다. 뒤에서 살펴볼 것처럼 이런 대립 구도는 1920년대 공산주의가 한국의 독립운동과 사회운동에 등장한 이후 형성돼 내려온 것이었다.

01

미·소공동위원회 답신안에 나타난 국호

신생 국가의 국호 논의가 본격적으로 제기된 것은 1947년 7월 제2차 미·소공동위원회의 자문안에 대한 각 정파의 답신答申이 계기가 됐다. 제2차 세계대전 종전 후 세계의 여러 현안들을 논의하기 위해 1945년 12월 소련 모스크바에서 열린 미국·소련·영국 등 3개국의 외상회의는 한반도와 관련하여 몇 가지 중요한 사항들을 결정했다. 첫째, 한국을 완전한 독립국으로 발전시키기 위해 임시정부를 수립한다. 둘째, 한국 임시정부를 수립하기 위해 미국과 소련의 양군兩軍 사령부 대표로서 미·소공동위원회를 구성한다. 셋째, 한국의 완전한 독립을 목표로 미국·소련·영국·중국의 4개국에 의한 최고 5년간의 신탁통치안을 협의한다.

모스크바 3상회의의 이 같은 결정에 따라 구성된 미·소공동위원회는 1946년 1월 16일 서울 덕수궁 석조전에서 예비회담

미 · 소공동위원회 회의장면

을 가진 뒤 3월 20일 서울에서 제1차 본회담을 열었다. 그러나 한국 임시정부 수립을 위한 협의 대상자 선정 기준을 놓고 '3상회의 지지'를 전제조건으로 요구하는 소련 측과 이에 반대하는 미국 측의 의견 대립으로 회담은 5월 6일 무기휴회에 들어갔다.

미·소 양측은 장기간의 교섭 끝에 1년 만인 1947년 5월 21일 미·소공동위원회를 재개했다. 제2차 미·소공동위원회는 6

월 11일 공동성명 11호를 통해 장차 수립될 한국 임시정부의 구성과 조직 및 그 정강·정책에 관한 한민족의 의견과 요망사항을 청취하기 위해 남·북한의 제諸 민주정당 및 사회단체들과 협의하겠다고 밝혔다. 미·소공동위원회는 이어 한국 임시정부 헌장의 기초로 사용할 항목을 담은 공동결의 제5호와 한국 임시정부가 취할 제반 정책에 관한 항목을 담은 공동결의 제6호를 발표해 이들 각 항목에 대한 정당·사회단체들의 답신안 제출을 요청했다.

당초 1947년 7월 1일로 예정됐다가 7월 5일로 연기된 답신안 마감일까지 미·소공동위원회에 답신안을 제출한 정당·사회단체는 남한에서 397개, 북한에서 38개였다. 이들은 미·소공동위원회가 한국 임시정부 수립에서 결정적인 중요성을 지니고 있다고 판단했기 때문에 매우 정성을 들여서 답신안을 작성했다. 따라서 이 답신안들에는 당시 한반도에서 활동하던 주요 정파들의 국가 구상과 정책들이 잘 나타나 있다.

미·소공동위원회에 제출된 답신안 중에서 본격적인 분석 대상이 되는 것은 한민당을 중심으로 결성된 임시정부수립대책협의회임협안, 남로당을 중심으로 한 좌익의 통일전선이었던 민주주의민족전선민전안, 여운형·김규식金奎植·안재홍安在鴻 등 중간파들이 주도한 시국대책협의회시협안, 신익희가 주축이 된 남조선과도입법의원입의안 등이다.

미·소공동위원회 답신안에는 국호國號·국체國體·정체政體·임정 수립방법·행정기관·입법기능 이상 공동결의 5호 자문 사항, 일제잔재 숙청대책·토지정책·산업생산-분배·산업소유권·은행·노동·무역·화폐·교육·세금 이상 공동결의 6호 자문 사항 등 방대한 내용이 담겨 있다. 그중 국호와 관련된 부분을 보면 '대한민국'임협, '고려공화국'시협, '조선인민공화국'민전으로 뚜렷이 구분됐다. 국체에 대해서는 임협은 '민주공화단일국', 시협은 '민주공화제', 민전은 '인민민주주의적 공화체'를 주장하여 모두 민주공화제를 내세웠다. 하지만 앞서도 살펴본 것처럼 '민주주의'에 대한 좌·우익의 이해가 서로 달랐기 때문에 제시한 국체의 구체적인 내용도 달랐다. 임협과 시협이 정당제와 선거제에 기초한 미국식 대의민주주의를 지향한 반면, 민전은 인민에 권력이 집중되는 인민민주주의, 즉 인민에 의한 독재를 선호했다.

미·소공동위원회 답신안은 국호 논의에 큰 영향을 미쳤다. 이로부터 항간에는 국호와 관련하여 '우익 = 대한', '좌익 = 조선', '중간파 = 고려'라는 등식이 성립됐고 '좌左 조선, 우右 대한'이란 용어가 널리 사용되기에 이르렀다.

국호가 본격적으로 논란이 된 것은 미·소공동위원회 답신안이 제출된 직후에 남한의 입법기구인 남조선과도입법의원이 헌법안에 해당하는 '조선임시약헌'을 심의할 때였다. 남조선과도입법의원에 제출된 조선임시약헌은 제1장 제1조가 "조선은 민주공화정체임", 제2조가 "조선의 주권은 국민 전체에게 속함"으로 돼 있었다. 그런데 1947년 7월 16일 열린 제2독회에서 원세훈元世勳 의원이 '조선'이라는 국호에 반대한다고 밝혔다. 그는 "국호를 대한이니 한국이니 하는 것도 일리가 있으나 그것도 반대한다"며 "국호는 정식 국회에서 정할 것"이라고 주장했다. 이에 대해 윤기섭尹琦燮 부의장과 김붕준金朋濬·황보익黃保翌 의원 등이 "조선은 국호가 아니라 법안의 이름에 지나지 않고, 국호가 정해지면 자연이 고쳐지는 것"이라고 주장함으로써 '조선임시약헌'이란 용어를 그대로 사용하게 됐다.

02

지식인들의 국호 논의

광복 후 새로 만들어지는 나라의 국호는 온 국민의 큰 관심사였다. 따라서 이 문제를 결정해야 할 정치권은 물론 당대를 대표하는 학자와 언론인 등 지식인들도 이 문제에 관한 다양한 의견을 내놓았다.

'대한', '조선', '고려'의 장·단점

그중에서도 특히 국호 문제에 큰 관심을 갖고 지속적으로 자기 입장을 피력한 사람은 언론인 설의식이었다. 중진 언론인이자 명名 문장가였던 그는 당시 제기되던 국호 관련 논의를 집대성하는 글과 책을 여러 편 발표했다.

설의식이 새로 세워지는 국가의 국호에 처음 관심을 표명한 것은 1946년 7월 《동아일보》에 발표한 "국호논의"國號論議라는 글에서였다. 상·중·하 세 편으로 이뤄진 이 글에서 그는 당시

'재생신국가再生新國家의 국호'로 유력하게 거론되던 '대한'과 '조선'에 모두 반대하면서 '새한'을 대안으로 제시했다.

"국호논의"가 발표될 때만 해도 새 국가 수립은 아직 현실적

소오(小梧) 설의식

설의식(薛義植, 1900~1954)은 함경남도 단천 출신으로 중앙중학교를 거쳐 일본 니혼대학(日本大學) 사학과를 졸업했고 1922년 《동아일보》 사회부 기자로 언론계에 들어왔다. 그는 도쿄(東京)특파원과 사회부장을 거쳐 《동아일보》 편집국장으로 재임하던 1936년 베를린올림픽 마라톤 경기에서 우승한 손기정의 가슴에 달린 일장기를 말소한 사건에 책임을 지고 사퇴했다. 1945년 8월 15일 광복 후 《동아일보》로 복귀하여 주필 겸 부사장을 역임했던 설의식은 1947년 3월 《동아일보》를 떠나 순간(旬刊) 《새한민보》를 창간하여 사장에 취임했다. 이후 그는 《새한민보》를 무대로 정치평론 집필과 각종 시사자료 발간에 열중하였고, 6·25전쟁이 일어난 뒤에는 부산으로 피란하여 충무공 연구와 대학 강의 등 활발한 활동을 벌였다.

설의식의 논설과 글은 선명한 논조와 재치로 유명했다. 특히 1926년 조선총독부가 경복궁의 일부를 허물고 총독부 청사를 지으면서 정문인 광화문을 건춘문 쪽으로 옮겨 세울 때 그가 쓴 "헐려 짓는 광화문"은 당시 우리 민족이 느꼈던 울분과 분노를 잘 표현한 글로 광복 후 교과서에도 여러 차례 실린 명문이다. 그는 《해방이전》(解放以前), 《해방이후》(解放以後), 《화동시대》(花洞時代), 《소오문장선》(小梧文章選) 등 산문집과 《민족의 태양》(民族의 太陽), 《난중일기》(亂中日記) 등 충무공 이순신 장군에 관한 저서를 남겼다.

《동아일보》 1946년 7월 24일자 1면에 게재된 "국호논의"

인 문제가 아니었고, 따라서 국호에 대한 관심도 그다지 높지 않았다. 따라서 설의식 스스로도 이를 '하나의 논제를 세상에 던지는 정도'로 생각했다. 하지만 앞서 살펴본 것처럼 그로부터 1년이 지난 1947년 7월 제2차 미·소공동위원회의 자문 사항에 대한 답신안 제출을 계기로 국호 문제가 전면에 등장하게 되자 설의식은 《신국가新國家의 국호론國號論》이란 소책자를 발간했다. 그는 이 소책자에서 사상적·정치적 이념에 따라 '우익=대한, 좌익=조선, 중간=고려'로 나뉘어 있던 당시 국호 논의의 실상을 설명하고, 세 국호 모두 문제가 있다고 지적했다. 그리고는 '새 나라'에는 '새 국호'를 사용하는 것이 당연하다며 다시 한 번 '새한'을 새 국호로 제안했다. 설의식은 이후에도 '새한'과 관련된 여러 편의 글을 신문들에 발표하면서 자신의 주장을 계속 펴 나갔다. 그는 1948년 8월 《통일조국》이란 단행본을 내면서 이 글들과 《신국가의 국호론》을 한데 묶었다.

설의식의 국호에 관한 왕성한 논의는 '대한', '조선', '고려'

등 당시 제기됐던 유력한 국호 후보들을 둘러싼 지식인들의 인식을 드러내준다. 그리고 여기서 논의됐던 이들 국호 각각의 장·단점은 오늘날 통일된 이후 국호 논의와 관련해서도 시사하는 점이 많다.

설의식은 《신국가의 국호론》에서 '대한'이 국호로 적합하다고 사람들이 주장하는 논거를 세 가지로 정리했다. 첫째, 대한제국이 일본에 망하기 직전까지 썼던 국호이니만큼 광복의 의미로 다시 쓰는 것이 좋다는 것이다. 둘째, 거족적이었던 기미년 3·1운동 이후에 수립된 임시정부의 국호로 썼던 것이니 그 법통을 계승하는 의미로도 사용할 수 있다는 것이다. 셋째, '한'은 멀리 삼한 시대부터 우리 민족의 국호로 사용돼 온 표상이니 역사적 유래로 봐서도 쓸 만하다는 것이다.

하지만 설의식은 '대한'이란 국호가 우리 국민에게 친숙하지 않고 권위가 떨어진다는 이유를 들어 새 국가의 국호로 사용하는 데 반대했다. 그는 "국호논의"에서 이렇게 지적했다.

> 대한大韓은 이조말기李朝末期에 지은 이름이다. 광무光武로부터 융희隆熙에 이르는 극히 짧은 시간이다. 청淸의 속방국屬邦國으로부터 독립 출발한 자주국가로서의 국호임에 그 의의와 가치는 비상히 크다. 그러나 국호로서의 역사가 너무도 짧고 국호로서의 질량이 너무도 경輕하고 국호로서의 권위가 너무도 미미하였던

까닭에 국민의 심회 가운데 뿌리 깊은 애착과 존귀감을 주지 못하고 말았다.

'대한'이란 국호가 실제로 사용된 것은 '대한제국' 시기 불과 13년밖에 되지 않는다. 물론 1919년에 '대한민국임시정부'가 수립돼 광복 때까지 이어졌지만 국내의 일반 백성들에게 '대한'은 낯설 수밖에 없었다. 설의식은 이런 점을 들어 '대한'이 국호가 되기에는 "역사가 짧고, 무게가 가볍고, 권위가 약하다"고 주장했다.

설의식은 《신국가의 국호론》에서 '조선'을 국호로 주장하는 사람들의 논거도 세 가지로 정리했다. 첫째, 단군檀君 시절부터의 국호이니 역사적으로 유래가 있다는 것이다. 둘째, 우리 민족을 두루 가리키는 용어이니 어느 때 써도 무방하다는 것이다. 셋째, 또한 당시 우리나라를 지리적으로 일컬을 때 널리 쓰인 말이니 일반적으로 쓰기에 쉽고 편리하다는 것이다. 이를 요약하자면 '조선'이 국호뿐 아니라 민족명이나 지리적 용어로도 두루 사용되는 것이 장점이라는 것이었다.

그러나 설의식은 '조선' 역시 '이중의 모욕으로 점철된 치욕의 기록'이라는 이유를 들어 새 국가의 국호로 채택하는 데 반대했다. 그는 "국호논의"에서 이렇게 주장했다.

> 명실이 상부하게 조선을 국호로 삼은 것은 이조다. 그러나 왕씨王氏 고려의 뒤를 이은 이씨李氏 조정은 자국의 국호조차 자작자용自作自用하지 못하는, 할 수 없었던 '얼간 조정'이었다. 대명大明의 일개 변방으로 자굴自屈한 이조는 국호를 지음에 대명 천자의 윤허를 얻어서 국궁배수鞠躬拜受한 치욕의 국호가 즉 '조선'이다. … 치욕의 '조선'은 이것뿐이 아니니, 일정의 침략과 함께 일본 천황으로부터 '하명'된 조선이다. 상고上古에 의거한 '조선'이 아니라, 일부러 주종적主從的 고사故事를 덮어씌우려는 심정으로 명명한 대명大明의 조선이다.

즉, 이성계李成桂가 건국 후 사용한 '조선'이라는 국호는 중국에 대한 사대주의事大主義의 결과물이었고, 일제강점기에 사용된 '조선'은 일본이 이런 사대주의를 일본에 대해서도 하라는 뜻을 담아 선택한 것이어서 독립국가의 국호로는 적합하지 않다는 주장이었다. '조선'이 단군 이래 우리 민족의 이름으로 사용된 것은 사실이지만 이제는 그보다는 조선왕조와 일제강점기 조선의 이미지가 강해서 새 나라의 국호로 사용하는 것은 피해야 한다는 지적이었다.

설의식은 《신국가의 국호론》에서 중간파들이 제시한 '고려'에 대해서는 망국亡國 이전의 국호인 '대한'과 '조선'에 구애받지 않고 새로 출발하며, 우익의 '대한'과 좌익의 '조선'이 맞씨

름하는 상황을 발전적으로 해소하여 분열을 피하고 통일을 이루려는 취지라는 점을 높이 평가한다. 그러나 '고려' 역시 '대한'이나 '조선'과 마찬가지로 순 우리말이 아니고, 한자든 한글이든 별다른 의미가 담겨 있지 않으며, '왕씨王氏의 나라'라는 이미지가 너무 강하다며 역시 새 나라의 국호로는 적합하지 않다고 주장했다.

'새한'을 주장한 언론인 설의식

새 나라의 국호로 '대한', '조선', '고려'를 모두 비판한 설의식은 부득불 새 나라의 국호는 새로 지어야 한다며 "국호논의"에서 네 가지 원칙을 제시했다. 첫째, 우리말과 우리글로 표현돼야 할 것. 둘째, 역사적으로 의거依據가 있어야 할 것. 셋째, 가급적 우리 민족의 범칭汎稱이 돼야 할 것. 넷째, 간단명료하여 부르기 쉽되 뜻은 깊고 너르고 융통자재融通自在하도록 돼야 할 것. 이런 원칙에 근거하여 그가 제시한 국호는 '새한'이었다.

여기서 '새'는 물론 '새로움'신, 新이지만 '샛바람'동풍, 東風이라고 할 때의 '동방', 날이 '샌다'고 할 때의 '일출'日出을 포함시킬 수 있다. 새빨간, 새파란 등 진짜라는 의미를 강조할 때 사용되는 '새'와도 연결된다. '한'은 '한'韓이라는 한자의 음역音譯이 아니라는 점을 설의식은 특히 강조했다. 그는 우리의 건국建國 삼신三神인 환인桓因, 환웅桓雄, 환검桓儉의 환桓이 '한'의 뼈와 살이 될 수 있음을 잊어서는 안 된다고 주장했다. 여기에 유일의 '한', 최대의 '한', 최고의 '한' 등도 포괄할 수 있다는 것이었다.

설의식은 이어 《신국가의 국호론》에서 새 나라의 새 국호를 제정하는 5원칙을 제시했다. 그중 네 가지는 앞서 "국호논의"에서 제시했던 원칙들과 같다. 여기에 추가된 다섯 번째 원칙은 '새 나라'로 거듭나려는 '이 나라', '이 겨레'의 앞날과 새 문화에 조화돼야 한다는 것이다. 그리고 이런 원칙들에 입각해서 그가 제시한 국호는 역시 '새한'이었다.

설의식에게 '새한'은 단순한 국호를 넘어서는 의미를 갖고 있었다. 그에 따르면 "'새한'은 우리의 과거나 현재나 미래를 통할 수 있는 이름인 동시에 우리 지역과 민족 내지 이념의 표상으로 가장 알맞은 이름"이며 "우리는 대체로 동방의 천민天民으로 자임하고 평화와 광명을 추구하는 '새한족族'"이었다. 또 "(새한은) 만사에 있어서 개신改新과 변역變易이 요청되는 현하現下의 실정에도 부합되기" 때문에 "넓은 의미의 생활 전 부면에 걸쳐서, 넓은 의미의 문화 전 영역에 걸쳐서 한 개의 독특한 기치를 세우고 상징을 삼아야" 한다는 것이었다. 그는 나아가 '새한'이 문명사적 의미까지 갖고 있다고 주장했다. 즉, 우리 동방민족의 자기완성과 인류문화에 대한 부채를 다하는 지표라는 것이다. 결론적으로 설의식은 '빛은 새한에서'라고 부르짖었다.

설의식은 새 나라의 국호가 '대한민국'으로 정해진 후에도

'새한'이란 명칭에 강한 애착을 보였다. 대한민국 정부 수립 직후 간행된 《통일조국》에서 그는 "남南은 이미 '대한'으로 되었습니다. 북北은 아마 '조선'으로 될 것입니다. 어느 것으로 완전히 굳어질지는 앞날에 있으려니와 필자가 염원하는 '새한'이 국호로 등장되지 못한다 하더라도 우리의 지역적·민족적 범칭汎稱으로는 뚜렷할 것으로 믿습니다"라고 밝혔다.

'고려'를 주장한 사학자 손진태

신국가의 국호에 대한 설의식의 열정적인 저술 활동은 지식인들에게 상당한 반향을 일으켰다. 그중에서도 적극적으로 국호 논의에 참가한 사람은 사학자 손진태였다.

당시 서울대 교수로 재직 중이던 손진태는 설의식이 《신국가의 국호론》을 발간한 후인 1947년 12월 16일 《서울신문》에 "국호와 민족적 전통-조선·한·고려 등에 대하여"라는 장문의 글을 발표하여 당시 국호로 유력하게 거론되고 있던 명칭들을 하나씩 역사적 관점에서 검토한 후 '고려'高麗를 새 국가의 국호로 지지한다는 입장을 밝혔다. 그는 또 국회에서 국호를 둘러싼 논의가 막바지 단계에 접어들던 1948년 7월 4일 《경향신문》에 "고려의 특수성"이란 글을 실어 이런 입장을 다시 한 번 표명했다.

손진태 역시 '대한'과 '조선'은 새 국가의 국호로 적합하지 않다고 보았다. 그는 '대한'의 경우는 '대'와 '한'이 모두 적절하지 않다고 지적했다. '대'에 관해서는 "대大는 지금 우리에게 적당치 못한 자字요, 장래에 대국大國으로 발전시키겠다는 의미에서 미리 '대'자를 붙이는 것이라면 이것은 현상윤 씨도 설파한 바와 같이 제국주의적인 성격을 가지는 것이요, 또 지금 우

남창(南倉) 손진태

손진태(孫晉泰, 1900~?)는 일본 와세다대학(早稻田大學) 사학과를 졸업하고 연희전문과 보성전문 강사를 거쳐 광복 후 서울대 교수가 됐다. 그는 서울대 사범대 학장에 이어 문리대 학장으로 재직하다가 6·25전쟁 때 납북됐다. 그는 일제강점기에는 민속학자로서 주로 활동하면서 《조선민담집》, 《조선민족설화의 연구》, 《조선민족문화의 연구》 등의 저서를 남겼다. 광복 후에는 원래 전공인 역사학으로 돌아와 《조선민족사개론》, 《국사대요》(國史大要) 등을 저술했다.

손진태는 대표적인 신(新)민족주의 역사학자로 꼽힌다. 신민족주의는 일제시대 저항운동의 정신적 지주 역할을 했던 민족주의가 광복 후 새로운 방향을 모색하는 과정에서 제기됐다. 주창자는 언론인이자 정치가였던 안재홍으로, 그는 권리와 봉사의 균등을 조건으로 삼는 신민주주의의 토대 위에 널리 인류와 공존한다는 만민공생(萬民共生)에 입각한 신민족주의를 주장해 국수적 민족주의에서 탈피하였다.

손진태는 신민족주의를 역사 연구와 저술에 구체적으로 적용했다. 그는 대내적으로는 계급투쟁이 일소되고 친화와 단결이 이루어진 평등한 민주국가를, 대외적으로는 국제 간 친선에 기여하는 민족 자주국가를 건설하여야 한다고 주장하였다. 그래서 이를 통해 민족 전체의 균등한 행복과 민족 간 친선을 이룩하는 것이 신민족주의의 과제라고 규정하였다.

리가 대국으로 자처한다면 그것은 망자존대妄自尊大의 심甚한 자"라고 했다. 이어 '한'에 대해서는 "한은 고대의 삼한, 이씨왕조 말년의 대한제국과 관련을 갖게 되는데, 대한은 우리 민족사상에 가장 큰 오점을 남긴 국호요, 삼한은 그 지역이 한강 이남에 한限했던지라 아무런 위대성과 적극성과 진취성도 없어 국민교육상과 민족정신상에 막대한 지장과 위축을 초래할 것이니 역사적으로 그것은 크게 불가하다"고 했다. 1919년 3·1운동 후 상하이에 수립된 임시정부가 '대한민국'을 국호로 선택한 것에 대해서도 "그때 특별한 국호를 세울 형편이 되지 못했던 것과 한국에 대한 애착심이 왕성하였던 두 가지 이유밖에 없었을 것"이라며 "지금 우리가 독립국가로 신출발을 하는 이 마당에 그것을 고집할 이유는 없다"고 주장했다.

손진태는 '조선' 역시 탐탁지 않게 보았다. 그는 "조선이 그리 탐탐스럽지 못한 것은 근일 신문지상에 여러 사람이 말씀하였다. 단군조선은 전설적이요 준왕準王 때의 조선은 평안도 지방의 미미한 나라이었고 이씨조선은 우리에게 호감을 주지 못하는 문약文弱과 당쟁黨爭이 심한 자이었고 국제적으로는 특히 왜인倭人에게 모욕을 받은 이름"이라고 했다.

손진태는 '고려'가 우리 민족의 적극적인 기상을 잘 보여주는 국호라고 생각했다.

고려는 고구려와 동일어다. 두 왕조는 모두 적극적이었다. 그리고 고구려는 본디 영토가 만주이었지만 고려는 고구려 구토舊土를 회복하려는 민족적 이상을 갖고 일어나서 그 일반一半을 달성하였다. 고구려가 상무적인 용감한 국가로서 몽골, 중국의 여러 국가와 맹렬한 민족투쟁을 감행하여 영토를 크게 확장하고 용명勇名을 천하에 떨친 것은 주지의 사실이다. … 고려는 거란과의 10년 전쟁, 몽골과의 40년 전쟁, 왜적과의 40여 년 전쟁을 능히 극복하였고 더욱이 인류 역사상에 공전절후空前絶後한 영토와 무력을 가졌던 몽골 원나라와 40년을 싸워서도 필경 주권을 빼앗기지 않았으니 이것은 당시에 있어 세계적으로 유례가 없는 일이며 강고한 민족적 단결력을 자랑하는 영웅적 기록이었다. … 그리고 고려는 세계 주지적周知的이요 자의字意가 우리 국토의 미를 여실히 표현한 것도 그 장점이다.

"고려의 특수성", 《경향신문》 1948년 7월 4일

소설《해방전후》에 그려진 국호 논의

새 나라를 만들면서 민족적 관심사로 떠오른 국호 논의는 소설 속에 한 부분으로 포함되기도 했다. 당시 대표적인 작가 중 한 사람이었던 이태준이 1946년 8월 발표한 중편소설《해방전후》解放前後에는 주인공 '현'과 그가 일제강점기 말엽에 일제의 압박을 피해 강원도 철원으로 피신했을 때 알게 된 '김 직원'直

員: 향교의 직무를 맡아 하던 사람이란 노인이 광복 후 서울에서 만나 새 나라의 국호를 놓고 대화를 나누는 장면이 나온다. 광복을 전후한 우리 사회의 풍경을 작가 자신의 체험담을 토대로 그려낸 《해방전후》는 이태준의 대표작 중 하나로 꼽힌다.

"국호가 고려국이라고 그러셨나?"

현이 서울서 듣고 온 것을 한번 김직원에게 이야기한 적이 있다.

"고려민국이랍디다."

"어째 고려라고 했으리까?"

"외국에는 조선이나 대한보다는 고려로 더 알려졌기 때문인가

상허(尙虛) 이태준

소설가 이태준(李泰俊, 1904~?)은 강원도 철원 출생으로 휘문고보와 일본 조치대학(上智大學)에서 수학한 후 작품 활동을 시작했다. 1933년 문학단체 '구인회'(九人會)의 동인으로 활동했고, 1939년 문학잡지 《문장》(文章)을 주관했다. 《가마귀》, 《복덕방》 등 서정성이 강한 작품들로 높은 평가를 받았으며, 수필집 《무서록》(無序錄)과 문장론 《문장강화》(文章講話)도 유명하다. 광복 후에는 조선문학가동맹 부위원장으로 활동하면서 사회주의로 기울었고, 1946년 월북했다. 북한에서는 《소련기행》과 《첫 전투》, 《고향길》 등 사회주의 색채가 짙은 작품을 썼다. 6·25 전쟁이 일어난 후 종군작가로 낙동강 전선까지 내려온 것으로 전해지며, 1952년부터 사상검토를 당하고 1956년 숙청당했다.

봅니다. 직원님께서는 무어라 했으면 좋겠습니까?"

"그까짓 국호야 뭐래든 얼른 독립이나 됐으면 좋겠소. 그래도 이왕이면 우리넨 대한이랬으면 좋을 것 같어."

"대한! 그것도 이조 말에 와서 망할 무렵에 잠시 정했던 이름 아닙니까?"

"그렇지요. 신라나 고려나처럼 한때 그 조정이 정했던 이름이죠."

"그렇다면 지금 다시 이왕시대李王時代가 아닐 바엔 대한이란 거야 무의미허지 않습니까? 잠시 생겼다 망했다 한 나라 이름들은 말씀대로 그때그때 조정이나 임금 마음대로 갈았지만 애초부터 우리 민족의 이름은 조선이 아닙니까?"

"참, 그러리다. 사기에도 고조선이니 위만조선衛滿朝鮮이니 허구 조선이란 이름이야 홈빡 오라죠. 그런데 나는 말이야 … "

하고 김 직원은 누워서 피우던 담뱃대를 놓고 일어나며,

"난 그전대로 국호도 대한, 임금도 영친왕을 모셔내다 장가나 조선 부인으로 다시 듭시게 해서 전주이씨 왕조를 다시 한 번 모셔보구 싶어."

하였다.

"전조前朝가 그다지 그리우십니까?"

"그립다 뿐이겠소. 우리 따위 필부가 무슨 불사이군不事二君이래서보다도 왜놈들 보는데 대한 그대로 광복을 해가지고 이번엔 고놈들을 한번 앙갚음을 해야 하지 않겠소?"

"김 직원께서 이제 일본으로 총독 노릇을 한번 가보시렵니까?"

하고 둘이는 유쾌히 웃었다.

소설 《해방전후》

'현'은 '김 직원'에게 "이 왕조李王朝의 대한大韓이 독립전쟁을 해서 이긴 것이 아닌 이상 '대한', '대한' 하고 전제제국專制帝國 시대의 회고감懷古感으로 민중을 현혹시키는 것은 조선민족을 현실적으로 행복되게 지도하는 태도는 아니라"고 설득한다. 하지만 '김 직원'은 '현'의 말에 수긍하지 않고 오히려 그에게 "공산당으로 넘어갔느냐"며 힐문하고 "공산당이 나라의 독립을 방해한다"고 주장한다.

《해방전후》는 이태준이 자신의 사상적 변모과정을 담은 작품이다. 그는 사상적 고백록 내지 전향서라고 할 수 있는 이 소설로 좌익 문인들이 만든 조선문학가동맹이 제정한 제1회 해방기념 조선문학상을 받았다. 따라서 작품 속에서 국호와 관련해서도 당시 좌파들의 인식을 상당 부분 반영하고 있다. 하지만 이런 점을 고려하고 읽으면 이 소설은 국호 문제를 둘러싼 광복 직후 분위기의 일단을 보여준다.

03

'대한민국'의 주창자 조소앙

앞에서 살펴본 것처럼 새 나라의 국호로 '대한'을 주장하는 사람들의 논거 중 가장 유력한 것은 일본제국주의가 우리나라를 침략할 당시 우리 국호인 '대한'을 말살하려고 온갖 노력을 기울였고, 그 대신 '조선'을 강요했기 때문에 이를 바로잡기 위해서도 '대한'이 필요하다는 것이었다. 이런 논리를 가장 분명하고 절절하게 밝힌 사람은 광복 당시 대한민국 임시정부의 외무부장으로 환국한 임시정부의 공식 대변인이었던 조소앙이었다. 그는 임정 요인要人 제2진으로 환국한 직후인 1945년 12월 7일 발표한 "임시정부의 성격"이라는 성명에서 다음과 같이 말했다.

우리가 대한大韓이란 용어에 애착을 가지고 상용하는 까닭은 '한'韓이란 자주독립을 상징하는 문자인 까닭이다. 이것은 역사적 사실을 고찰하면 명백하거니와 자주독립의 기상을 표시하기 위하여 일본이 고의로 말살한 '한'이란 글자를 우리는 지켜온 것이다. 그리하여 독립운동의 공구公具로서, 독립운동을 하는 사람들의 집결체로서 우리 국토 위에 정권을 세우기까지의 접속제로서 우리는 임시정부를 붙들고 내려왔다.

《소앙선생문집》 하권, 55쪽

조소앙은 이 성명에서 '대한'이란 국호와 관련해 두 가지 중요한 점을 지적했다. 하나는 '(대)한'은 우리나라를 빼앗은 일본이 고의로 말살한 것이기 때문에 독립운동가들이 그 이름을 의식적으로 지켜왔다는 것이다. 다른 하나는 '한'이 자주독립을 상징하는 문자라는 것이다.

조소앙의 이런 언급은 '대한민국'이란 국호의 역사적 성격을 이해하는 데 있어 매우 중요하다. 조소앙은 '대한민국'이란 국호가 만들어지는 과정에서 여러 번 핵심적인 역할을 했기 때문이다. 그는 다음에 자세히 설명하는 것처럼 일제에 의해 나라가 멸망한 뒤 다시 세워지는 국가는 '대한제국'을 계승하되 전제국가가 아니라 민주주의 국가가 돼야 한다고 주장하여 '대한민국'으로 넘어가는 이론적 기반을 만들었다. 또 3·1운동의 결과로 상하이에서 임시정부가 만들어질 때도 적극 참여하여 '대한민국'을 국호로 정하는 데 주도적인 역할을 했다. 따라서 국호와 관련된 그의 언급은 환국 시점에서 머릿속에서 갑자기 나온 것이 아니라 오랜 민족운동과 독립투쟁 과정에서 형성됐던 것이 자연스럽게 토로된 것이다.

뒤에서 살펴보는 바와 같이 대한제국을 멸망시킨 일제는 '대한'이라는 이름을 식민지 백성들의 기억에서 지워버리고 그 자리를 '조선'으로 대체하기 위해 상당한 노력을 기울였다. 일제가 그럴수록 독립운동가들은 잃어버린 '대한'이란 나라 이름에

조소앙

조소앙(趙素昻, 1887~1958)은 경기도 파주에서 태어났다. 본명은 용은(鏞殷)이고 소앙(素昻)은 호이다. 15세에 성균관에 입학했고, 17세에 대한제국 황실유학생으로 선발돼 일본 유학을 떠나 25세에 메이지대학(明治大學)을 졸업했다. 일본 유학 중 유학생들의 민족운동에 적극 참가했고, 귀국 후에는 교편을 잡다가 1913년 중국으로 망명했다. 상하이와 만주 등지에서 독립운동에 종사하다 1919년 대한민국임시정부 수립에 참가했고 1929년 김구, 이동녕, 이시영 등과 함께 한국독립당을 만들었다.

조소앙은 오랫동안 대한민국임시정부 외무총장으로 외교활동을 이끌었으며, 그가 제창한 정치 경제 교육의 균등을 골자로 하는 '삼균주의'(三均主義)는 대한민국임시정부와 한국독립당의 이념적 기반이 됐다.

더욱 애착을 가질 수밖에 없었다. 따라서 그들이 1919년 임시 정부를 세우면서 '대한'을 국호로 채택한 것은 자연스러운 일이었다는 사실을 조소앙은 강조한 것이다.

또 '한'이 자주독립을 상징하는 문자라는 조소앙의 지적은 '대한제국'이 중국으로부터의 독립을 국내외에 천명하기 위해 조선왕조가 국호를 바꾸는 과정에서 탄생했다는 역사적 사실을 강조한 것이다. 아울러 그는 일본이 이런 사실을 은폐하기 위해 '한'이 아니라 사대주의의 상징인 '조선'을 다시 우리에게 강요했다는 점을 상기시킨 것이다.

조소앙 역시 광복 이후 많은 대한민국임시정부 요인들처럼 남·북한의 단독정부 수립에 반대하고 총선거에 의한 통일정부 수립을 주장했다. 그러나 그는 1948년 4월 평양에서 열린 남북협상에 참여하고 돌아온 뒤 입장을 바꿨다. 그 자신은 5월 10일 실시된 제헌의원 선거에 참여하지 않았지만 국민의 주권 행사에 반대하지는 않는다는 뜻을 밝혔다. 이완범 교수의 연구에 따르면 조소앙은 7월 10일 "국호를 대한민국으로 해서 독립운동의 정맥正脈을 계승하게 한 것은 당연하게 생각한다"며 새로 세워지는 정부가 대한민국임시정부의 법통을 계승하는 문제에 대해 긍정적인 입장을 밝혔다. 그는 정부 수립과정에서 제헌의원들로부터 초대 국무총리로 추천되기도 했다. 하지만 이승만 대통령은 그가 5·10선거에 참여하지 않았다는 이유를 들어 국무총리 임명에서는 제외했다.

조소앙은 대한민국 정부 수립 후인 1948년 9월 대한민국임시정부의 여당이자 자신이 부위원장을 맡고 있던 한국독립당에 대한민국 정부를 인정할 것을 강력하게 요청했다. 그가 자신의 주장이 받아들여지지 않자 10월 11일 한국독립당을 탈당하면서 발표한 '성명서'에는 대한민국 정부가 대한민국임시정부를 계승하고 있다는 그의 변화된 관점이 잘 나타나 있다.

> 목전目前 서울에 있는 대한민국은 그 전신前身이 피 두루마기를 입은 3·1운동의 골격이며 5천 년의 독립민족의 적자嫡子이며 장래 통일정권에로 돌진하는 발동기가 되고 가교가 되고 민족진영의 최고 조직체임을 이에 천명한다. 정부와 인물과 정책이 천변만화千變萬化할지라도 국가의 본질적 생명에 대하여는 국제적으로나 국민적으로나 부인치 않는 것이 일개 민족의 상식이며 국제법의 통례이다. 그러므로 입각된 인물론과 집행되는 정책론을 초월하여 태극기를 고집하고 대한민국을 최고도로 발전케 할 의무가 규정되는 것이다. 자신이 참가하지 않았다는 이유로, 자당自黨의 정책이 집행되지 못했다는 이유로, 주권과 영토가 완성되지 못했다는 이유로 대한민국을 거부할 이유가 발견되지 않는 것이다.

이처럼 조소앙은 대한민국이 대한민국임시정부의 법통을 계승한다고 인정했다. 대한민국임시정부의 최고 이론가이자 '대한민국'이란 국호의 주창자였던 조소앙의 대한민국 참여는 막 출범한 대한민국 정부의 정통성 확보에 큰 도움이 됐다. 그리고 조소앙은 1950년 5월 30일 실시된 제2대 국회의원 선거에는 서울 성북구에 출마하여 전국 최고 득표로 당선됐다. 하지만 그는 곧 이어 발발한 6·25전쟁의 와중에 강제 납북되는 바람에 독립운동 과정에서 쌓은 경륜을 되찾은 나라에서 본격적으로 발휘할 기회를 갖지는 못하고 말았다.

'대한민국임시정부'와 '대한제국'

01 임시의정원, 국호를 '대한민국'으로 정하다

02 '대한민국'의 뿌리, '대한제국'

03 국민 속에 퍼져나간 '대한'

04 일제의 '대한' 말살 정책

1897년 10월 12일 고종은 환구단(圜丘壇)에 나아가 황제로 등극하고 다음날 '대한제국'(大韓帝國)이라는 새로운 국호를 선포했다. '대한'이라는 국호는 대한제국 시기 정부의 근대화 추진과 민간의 애국계몽운동을 상징하는 용어가 되었다. 때문에 일본은 1910년 조선을 강제병합하면서 '대한'이란 국호를 지우기 위해 전력을 기울였다.

01

임시의정원, 국호를 '대한민국'으로 정하다

앞에서 살펴본 것과 같이 제헌국회에서 국호가 '대한민국'으로 결정된 데는 '대한민국임시정부'의 법통을 계승한다는 명분이 가장 큰 요인으로 작용했다. 이제 대한민국임시정부가 어떤 과정을 거쳐서 만들어졌고, '대한민국'이란 국호가 어떻게 탄생했는가를 알아보기로 한다.

3·1운동이 한반도 전역을 휩쓸고 지나간 뒤 한 달 남짓 된 1919년 4월 10일 밤 10시 중국 상하이 프랑스 조계租界 내 김신부로金神父路에 있는 독립운동가 현순玄楯의 셋집에 사람들이 하나둘 모여들었다. 이들은 3·1운동의 후속 조치로 임시정부를 구성하기 위해 국내와 일본·미국·만주·시베리아 등에서 온 독립운동가들로 모두 29명이었다.[5] 이들은 모임의 이름을 '임시의정원'이라 붙이고 의장에 이동녕, 부의장에 손정도孫貞道, 서기에 이광수李光洙·백남칠白南七을 선출했다.

이어 열린 회의에서 가장 먼저 안건에 오른 것은 국호를 어떻게 할 것이냐는 문제였다. 이에 대해 회의록인 《임시의정원 기사록》臨時議政院紀事錄은 "국호, 관제官制, 국무원國務員에 관한 문제를 토의하자는 현순의 동의와 조소앙의 제청이 가결되어 토의에 입入할 새 선先히 국호를 대한민국이라 칭稱하자는 신석우의 동의와 이영근의 재청이 가결되니라"라고 간단히 기록하고 있다.

우창(于蒼) 신석우

신석우(申錫雨, 1894~1953)는 경기도 의정부의 대지주 집안에서 태어났다. 그의 아버지는 한말 경성부 경무사(지금의 서울경찰청장에 해당)를 역임했던 무신(武臣) 신태휴(申泰休)였다. 그는 일본 와세다대학 전문부를 졸업한 뒤 중국 상하이로 건너가 독립운동에 뛰어들었으며 1919년 대한민국임시정부가 출범하자 교통총장을 맡았다.

1924년 귀국한 신석우는 경영난을 겪고 있던 《조선일보》를 송병준(宋秉畯)으로부터 인수하여 민족지로 면모를 일신했다. 그는 사장에 민족지도자 이상재(李商在)를 추대하고 자신은 부사장을 맡았으며, 1927년 이상재가 별세하자 사장에 취임하였다. 물려받은 재산을 거의 다 쏟아부으며 《조선일보》 경영에 전념하면서 민족운동단체 신간회에도 깊숙이 관여하던 그는 1931년 7월 일제의 압박을 피해 《조선일보》 사장직을 안재홍에게 물려주고 다시 상하이로 망명했다. 그는 광복 후 귀국한 뒤에는 초대 자유중국 주재 대사를 역임했다.

그러나 임시정부의 국호를 정하기까지 실제로는 상당한 논란과 진통이 있었다. 당시 임시의정원 회의에 참석했던 여운홍은 훗날 함께 참석했던 친형 여운형의 전기 《몽양 여운형》에서 이 날 상황을 이렇게 회고했다.

> 정부조직 문제와 함께 국호 제정 문제와 이 왕가李王家 처우 문제 등에 관한 구구한 논전이 전개되어 한동안 법석이었다. 국호에 대하여는 결국 '대한민국'으로 하기로 낙착되었지만 그렇게 결정되기까지는 상당한 격론이 거듭되었었다. 결정된 대한민국 이외에 조선朝鮮공화국 또는 고려高麗공화국이 어떠냐는 의견이 나왔다.
>
> 그런데 형님은 이 대한大韓이라는 두서頭書를 반대했다. 그 이유인즉 "대한은 이미 우리가 쓰고 있던 국호로서 그 대한 때에 우리는 망했다. 일본에게 합병되어버린 망한 나라 대한의 국호를 우리가 지금 그대로 부른다는 것은 감정상으로도 용납할 수 없다"는 것이었다.
>
> 그러나 이를 주장한 사람들은 "일본에게 빼앗긴 국호이니 일본으로부터 다시 찾아 독립했다는 의의를 살려야 하고, 또 중국이 혁명 후에 새롭고 혁신적인 뜻으로 '민국'을 쓰고 있으니 이를 따라 대한민국이라 하는 것이 좋다"는 주장이었다.
>
> 결국 다수의 주장을 따라 이미 말한 대로 '대한민국'이란 국호

가 채택되었다.

《몽양 여운형》, 40~41쪽

여운홍의 증언을 통해 대한민국임시정부가 출범할 때도 '대한'과 함께 '조선', '고려' 등의 국호가 거론됐다는 사실을 알 수 있다. 우리나라의 국호를 놓고 '대한', '조선', '고려'가 벌이는 각축은 그 뿌리가 3·1운동 직후 임시정부 수립까지 거슬러 올라가는 것이다. 이런 각축 속에서 "대한으로 망했으니 대한으로 다시 일어서자"는 주장이 힘을 얻어 '대한민국'이 국호로 채택됐다.

여운홍의 회고 가운데 또 하나 주목할 부분은 국호가 '대한민국'으로 정해지는 데 중국이 1911년 신해혁명 이후 '중화민국'을 수립한 것이 큰 영향을 미쳤다는 서술이다. 뒤에서 자세히 살펴보는 것처럼 이 무렵이 되면 국내외의 독립운동가들은 대부분 국권을 되찾은 후 새로 건설하는 정부는 군주제가 아니라 공화제가 돼야 한다는 데 의견을 모으고 있었다. 하지만 임시정부의 국호가 '대한공화국'이나 '대한민주공화국'이 아니라 '대한민국'이 된 것은 '중화민국'이라는 중국의 새 국호에서 영향을 받았기 때문이라는 주장이다.

박찬승 한양대 교수는 이와 관련,《대한민국은 민주공화국이다》라는 저서에서 신해혁명과 함께 한국 독립운동에 공화주의의 파도가 밀려왔다고 분석했다. 당시 중국에 있던 조성환曺成煥, 신규식 등 독립운동가들은 거대한 청나라가 무너지고 중화민국이 수립된 후 공화주의 혁명이 빠르게 진행되는 데 깊은 감명을 받고 중국 혁명에 참여했다. 또 중국에 유학 중이던 한인 학생들 가운데 상당수도 중국 공화주의 혁명에 뛰어들었다. 이런 과정에서 한국의 독립운동은 중국의 공화혁명으로부터 상당한 영향을 받게 된 것이다.

한편 역시 이날 임시의정원 회의에 참석했던 조소앙은 훗날 자신의 일생을 회고하면서 임시정부의 국호를 '대한민국'이라고 명명하는 데 자신이 중요한 역할을 했다고 주장했다.

> 기미년 4월에는 길림에서 대한독립의군부大韓獨立義軍府 부령副領, 부주석을 사임하고 상하이에 파견되는 대표가 되어 상하이에 다시 돌아왔다.
>
> 이렇게 나는 의정원의 창립자로, 10조 헌장의 기초자로, 대한민국의 명명론자命名論者로, 위원제의 주창자로, 제1회 비서장으로 분주하다가 동년 5월에 파리로 가서 …
>
> "회고", 《소앙선생문집》 하권, 167~168쪽

조소앙이 자신이 '대한민국'이란 국호의 '명명론자'였다고 주장하는 것은 '대한민국'이란 나라 이름이 만들어지기까지 자

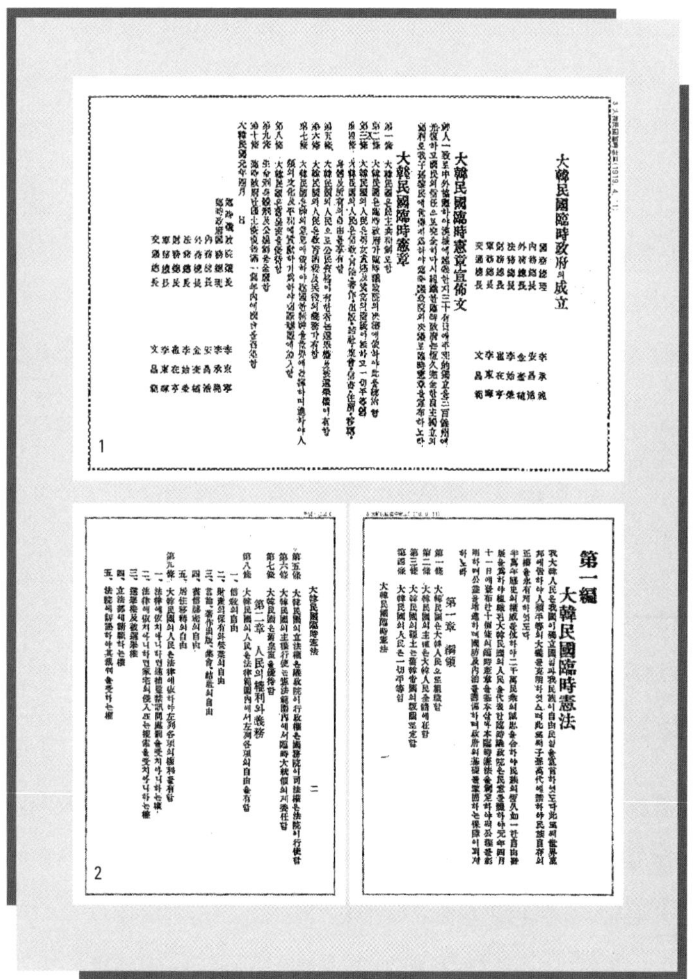

大韓民國臨時政府의 成立

國務總理 李承晩
內務總長 安昌浩
外務總長 金奎植
法務總長 李始榮
財務總長 崔在亨
軍務總長 李東輝
交通總長 文昌範

大韓民國臨時憲章宣佈文

神人一致로 中外協應하야 漢城에 起義한지 三十有日에 平和的 獨立을 三百餘州에 光復하고 國民의 信任으로 完全히 다시 組織한 臨時政府는 恒久完全한 自主獨立의 福利로 我子孫黎民에 世傳키 爲하야 臨時議政院의 決議로 臨時憲章을 宣布하노라.

大韓民國臨時憲章

第一條 大韓民國은 民主共和制로 함
第二條 大韓民國은 臨時政府가 臨時議政院의 決議에 依하야 此를 統治함
第三條 大韓民國의 人民은 男女貴賤及貧富의 階級이 無하고 一切平等임
第四條 大韓民國의 人民은 信敎·言論·著作·出版·結社·集會·信書·住所·移轉·身體及所有의 自由를 享有함
第五條 大韓民國의 人民으로 公民資格이 有한 者는 選擧權及被選擧權이 有함
第六條 大韓民國의 人民은 敎育納稅及兵役의 義務가 有함
第七條 大韓民國은 神의 意思에 依하야 建國한 精神을 世界에 發揮하며 進하야 人類의 文化及平和에 貢獻하기 爲하야 國際聯盟에 加入함
第八條 大韓民國은 舊皇室을 優待함
第九條 生命刑 身體刑及公娼制를 全廢함
第十條 臨時政府는 國土恢復後 滿一個年內에 國會를 召集함

大韓民國元年四月 日

臨時議政院議長 李東寧
臨時政府國務總理 李承晩
內務總長 安昌浩
外務總長 金奎植
法務總長 李始榮
財務總長 崔在亨
軍務總長 李東輝
交通總長 文昌範

第一編 大韓民國臨時憲法

我大韓人民은 我國이 獨立國임과 我民族이 自由民임을 宣言하엿도다 此로써 世界萬邦에 告하야 人類平等의 大義를 克明하엿스며 此로써 子孫萬代에 誥하야 民族自存의 正權을 永有케 하엿도다 半萬年歷史의 權威를 仗하야 二千萬民衆의 誠忠을 合하야 民族의 恒久如一한 自由發展을 爲하야 組織된 大韓民國의 人民을 代表한 臨時議政院은 民意를 體하야 元年四月十一日에 發布한 十個條의 臨時憲章을 基本삼아 本臨時憲法을 制定하야 써 公理를 倡明하며 公益을 增進하며 國防及內治를 籌備하며 政府의 基礎를 鞏固하는 保障이 되게 하노라

第一章 綱領

第一條 大韓民國은 大韓人民으로 組織함
第二條 大韓民國의 主權은 大韓人民全體에 在함
第三條 大韓民國의 疆土는 舊韓帝國의 版圖로 定함
第四條 大韓民國의 人民은 一切平等임

大韓民國臨時憲法 二

第五條 大韓民國의 立法權은 議政院이 行政權은 國務院이 司法權은 法院이 行使함
第六條 大韓民國의 主權行使는 憲法範圍內에서 臨時大統領에게 委任함
第七條 大韓民國은 舊皇室을 優待함

第二章 人民의 權利와 義務

第八條 大韓民國의 人民은 法律範圍內에서 左列各項의 自由를 有함
一、信敎의 自由
二、財産의 保有와 營業의 自由
三、言論、著作、出版、結社、集會의 自由
四、書信秘密의 自由
五、居住移轉의 自由
第九條 大韓民國의 人民은 法律에 依하야 左列各項의 權利를 有함
一、法律에 依치 아니하면 逮捕、監禁、訊問、處罰을 受치 아니하는 權
二、法律에 依치 아니하면 家宅의 侵入 又는 搜索을 受치 아니하는 權
三、選擧權及被選擧權
四、立法部에 請願하는 權
五、法院에 訴訟하야 其裁判을 受하는 權

1 《대한민국임시헌장》
2 《대한민국임시헌법》

신의 역할이 컸다는 의미로 이해된다. 임시의정원 회의록에 '대한민국'이라는 국호와 관련한 조소앙의 발언은 기록돼 있지 않지만 여운홍의 증언에서 알 수 있듯이 의원 다수가 '대한민국'을 지지했고, 조소앙이 그중에서 주도적 역할을 했을 것으로 생각된다. 이는 뒤에 자세히 살펴보는 것처럼 '대한'大韓이라는 없어진 나라 이름과 공화국을 의미하는 '민국'民國 이념을 결합시키는 데 일찍부터 큰 관심을 갖고 이를 강력 주창해온 대표적인 인물이 조소앙이었기 때문이다.

임시의정원은 국호를 '대한민국'으로 결정한 데 이어 관제를 총리제로 정하고 법무부와 군무부를 증설했다. 또 국무총리 이승만, 내무총장 안창호, 외무총장 김규식, 법무총장 이시영, 재무총장 최재형崔在亨, 군무총장 이동휘, 교통총장 문창범 등 국무원을 선출했다. 그리고 헌법에 해당하는《대한민국임시헌장》大韓民國臨時憲章을 제정하기로 하고 신익희·이광수·조소앙을 심사위원으로 선임했다. 그리고 이들의 보고를 토대로 전체 회의를 거쳐 10개 조로 된 대한민국임시정부의 첫 번째 헌법인《대한민국임시헌장》을 제정했다.[6]

3·1운동의 결과 조직된 임시정부는 상하이의 '대한민국임시정부' 외에도 여러 개가 있었다. 그중에서 정부로서의 실체를 갖추고 권위를 인정받은 것은 1919년 3월 17일 러시아 블라디보스토크Vladivostok에서 수립된 '대한국민의회'와 1919년 4

월 23일 서울에서 수립된 '한성정부'였다. '대한국민의회'는 연해주와 만주 일대에 살고 있던 약 50만 명에 이르는 한인韓人을 조직적 기반으로 한다는 점이 강점이었다. 대한국민의회는 의장에 문창범, 부의장에 김철훈金哲勳을 선출하는 한편 별도로 행정부를 조직하여 대통령에 손병희孫秉熙, 부통령에 박영효朴泳孝, 국무총리에 이승만을 추대했다. '한성정부'는 앞서 살펴본 바와 같이 13도 대표자 24인이 국내에서 국민대회를 열고 구성했다는 점이 강점이었다. 한성정부는 최고지도자인 집정관총재에 이승만, 국무총리에 이동휘 등을 선임했다.

이들 세 개의 임시정부는 출범 직후부터 통합 논의가 있었고, 복잡한 과정과 우여곡절을 거쳐 1919년 9월 상하이에 근거지를 둔 '대한민국임시정부'로 통합됐다. 대한민국임시정부는 통합을 위해 헌법을 개정하고 정부 구성을 개편했다. 새로 조직된 정부는 대통령제를 채택하여 이승만을 대통령으로 선출하고 국무총리 이동휘, 내무총장 이동녕, 법무총장 신규식, 재무총장 이시영, 노동총판 안창호 등으로 구성됐다. 이들에 의해 개정된 《대한민국임시헌법》大韓民國臨時憲法은 총 8장, 58개 조로 이루어져 서둘러 제정됐던 《대한민국임시헌장》과는 달리 본격적인 헌법의 골격을 갖추고 있었다.[7]

02

'대한민국'의 뿌리, '대한제국'

이런 과정을 거쳐서 비록 망명정부이기는 하지만 우리 민족이 세운 최초의 공화제 정부의 이름은 '대한민국'으로 최종 확정됐다. 이처럼 1919년 3·1운동의 결과로 임시정부를 수립하면서 '대한민국'이란 국호가 채택된 데는 1910년 일본제국주의에 나라를 빼앗길 당시 국호가 '대한제국'이었다는 사실이 결정적으로 작용했다. '대한'이란 국호를 그대로 지속하면서 나라의 주권자가 황제에서 국민으로 바뀌었을 뿐이라는 의식이 반영된 것이었다. 그러면 '대한제국'이란 국호는 어떤 이유로, 그리고 어떤 과정을 거쳐 우리 역사에 등장하게 된 것일까?

'대한', 새로운 국호가 되다

1392년 태조 이성계가 '고려'高麗를 무너뜨리고 나라를 새로 세우면서 채택했던 '조선'朝鮮이란 국호가 '대한'大韓으로 바뀐 것은 1897년 10월이었다. 이 같은 국호의 변경은 국왕에 대한 호칭을 '왕'王에서 '황제'皇帝로 높이고, 중국의 연호年號를 사용하던 것에서 벗어나 독자적인 연호를 사용하는 '칭제건원'稱帝建元과 밀접한 관련이 있었다.

1895년 10월 명성황후明成皇后가 일본 군인과 자객들에게 경복궁에서 처참하게 살해당하고 나서 1896년 2월 러시아공사관으로 피신했던 고종이 1년 만인 1897년 2월 경운궁지금의 덕수궁으로 돌아온 뒤 국격國格을 높이기 위한 움직임이 시작됐다. 1897년 6월 명성황후의 장례식을 치른 뒤 국왕의 지위를 황제로 높이기 위한 건의 운동이 조정 안팎에서 활발하게 벌어졌던 것이다. 칭제稱帝를 간청하는 중앙과 지방, 관료와 재야지식인들의 상소가 이어지자 고종은 여러 번 이를 물리치다가 1897년 10월 3일 마침내 이를 받아들이는 결정을 내렸다.

칭제론을 주도한 것은 1897년 8월 1일 조정의 최고위직인 의정대신議政大臣으로 다시 기용된 원로 심순택沈舜澤, 1824~?을 비롯한 정부 관료들과 정교鄭喬, 장지연張志淵 등 동도서기파 지식인들이었다. 이들은 이웃 청나라와 일본이 모두 황제라는 칭호를 사용하는데 우리만 그렇지 못하기 때문에 신하와 백성들이 힘을 모아 우리도 황제라는 호칭을 사용하자고 요청하는 것이라고 주장했다.

칭제론에 대한 반대도 거셌다. 그중 한 그룹은 최익현崔益鉉과

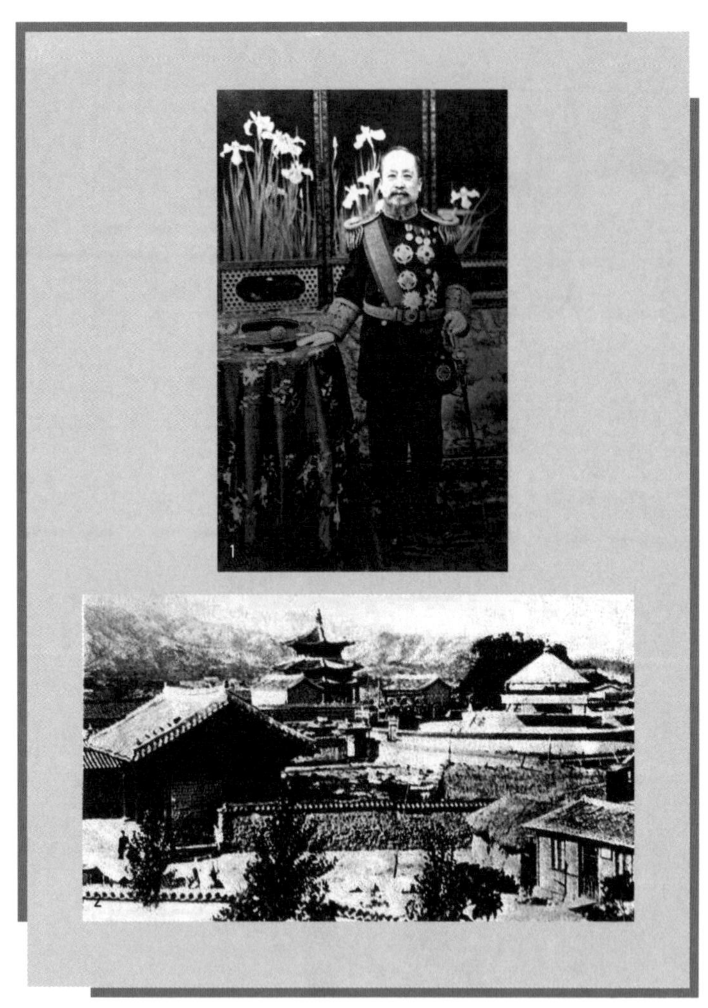

1 대한제국 황제로 등극한 고종
2 환구단

유인석柳麟錫 등 위정척사파 유생들이었다. 이들은 우리나라는 소중화小中華의 문명국가인데 서양의 황제라는 칭호를 빌려오는 것은 짐승의 제도를 취하는 것이며 망령되이 스스로를 높이는 것이라고 주장했다. 또 한 그룹은 윤치호尹致昊 등 개화파 지식인들이었다. 이들은 서구 열강이 알아주지도 않을 황제 즉위로 재정을 낭비하기보다는 국정 개선과 효율적 운영을 통해 자주독립의 기초를 다지는 것이 더 시급하다고 주장했다.

1897년 10월 12일 고종은 하늘에 제사를 지내는 환구단圜丘壇에 나아가 황제로 등극했고 다음날 '대한제국'大韓帝國이라는 새로운 국호를 선포했다. 고종은 자신이 황제에 오르고 국호를 바꾼 이유를 '조칙'詔勅을 통해 다음과 같이 밝혔다.

> 짐은 생각건대, 단군檀君과 기자箕子 이후로 강토가 분리되어 각각 한 지역을 차지하고는 서로 패권을 다투어 오다가 고려高麗 때에 이르러서 마한馬韓, 진한辰韓, 변한弁韓을 통합하였으니, 이것이 '삼한'三韓을 통합한 것이다.
>
> 우리 태조太祖가 왕위에 오른 초기에 국토 밖으로 영토를 더욱 넓혀 북쪽으로는 말갈靺鞨의 지경까지 이르러 상아·가죽·비단을 얻게 되었고, 남쪽으로는 탐라국耽羅國을 차지하여 귤·유자·해산물을 공납貢納으로 받게 되었다. 사천리 강토에 하나의 통일된 왕업王業을 세웠으니, 예악禮樂과 법도는 당요唐堯와 우

순虞舜을 이어받았고 국토는 공고히 다져져 우리 자손들에게 만대토록 길이 전할 반석 같은 터전을 남겨주었다.

짐이 덕이 없다 보니 어려운 시기를 만났으나 상제上帝가 돌봐주신 덕택으로 위기를 모면하고 안정되었으며 독립의 터전을 세우고 자주의 권리를 행사하게 되었다. 이에 여러 신하들과 백성들, 군사들과 장사꾼들이 한목소리로 대궐에 호소하면서 수십 차례나 상소를 올려 반드시 황제의 칭호를 올리려고 하였는데, 짐이 누차 사양하다가 끝내 사양할 수 없어서 올해 9월 17일 백악산白嶽山의 남쪽에서 천지天地에 고유제告由祭를 지내고 황제의 자리에 올랐다. 국호를 '대한'大韓으로 정하고 이 해를 광무光武 원년元年으로 삼으며, 종묘宗廟와 사직社稷의 신위판神位版을 태사太社와 태직太稷으로 고쳐 썼다. 왕후王后 민씨閔氏를 황후皇后로 책봉하고 왕태자王太子를 황태자皇太子로 책봉하였다. 이리하여 밝은 명을 높이 받들어 큰 의식을 비로소 거행하였다.

《고종실록》 고종 34년 양력 10월 13일조

'대한제국'이라는 새 국호가 정해진 것은 이보다 이틀 전이었다. 이날 고종은 의정대신 심순택, 특진관特進官 조병세趙秉世, 궁내부대신宮內府大臣 민영규閔泳奎, 장예원경掌禮院卿 김영수金永壽 등 전·현직 대신들을 불러서 만났다. 《고종실록》高宗實錄은 이 자리에서 오고 간 대화를 이렇게 전한다.

먼저 고종이 "경卿 등과 의논하여 결정하려는 것이 있다. 정사를 모두 새롭게 시작하는 지금에 모든 예禮가 다 새로워졌으니 환구단에 첫 제사를 지내는 지금부터 마땅히 국호를 정하여 써야 한다. 대신들의 의견은 어떠한가?"라고 물었다.

이에 대해 심순택은 "우리나라는 기자箕子의 옛날에 봉封해진 조선이란 이름을 그대로 칭호로 삼았는데 애당초 합당한 것이 아니었습니다. 지금 나라는 오래되었으나 천명이 새로워졌으니 국호를 정하되 응당 전칙典則에 부합해야 합니다"라고 답하였다.

이어 조병세는 "천명이 새로워지고 온갖 제도도 다 새로워졌으니 국호도 역시 새로 정해야 할 것입니다. 지금부터 억만 년 무궁할 터전이 실로 여기에 달려 있습니다"라고 하였다.

그러자 고종은 "우리나라는 곧 삼한의 땅인데, 국초國初에 천명天命을 받고 하나의 나라로 통합되었다. 지금 국호를 '대한'大韓이라고 정한다고 해서 안 될 것이 없다. 또한 매번 각국國의 문자를 보면 조선이라고 하지 않고 한韓이라 하였다. 이는 아마 미리 징표를 보이고 오늘이 있기를 기다린 것이니, 세상에 공표하지 않아도 세상이 모두 다 '대한'이라는 칭호를 알고 있을 것이다"라고 말했다.

이에 심순택은 "삼대三代 이후부터 국호는 예전 것을 답습한 경우가 아직 없었습니다. 그런데 조선은 바로 기자가 옛날에 봉해졌을 때의 칭호이니, 당당한 황제의 나라로서 그 칭호를 그대로 쓰는 것은 옳지 않습니다. 또한 '대한'이라는 칭호는 황제의 계통을 이은 나라들을 상고해 보건대 옛것을 답습한 것이 아닙니다. 성상聖上의 분부가 매우 지당하니, 감히 보탤 말이 없습니다"라고 말했다. 그리고 조병세는 "각 나라의 사람들이 조선을 한이라고 부르는 것은 그 상서로운 조짐이 옛날부터 싹터서 바로 천명이 새로워진 오늘날을 기다렸던 것입니다. 또한 '한'韓 자의 변이 '조'朝자의 변과 기이하게도 들어맞으니 우연이 아닙니다. 이것은 만년토록 태평시대를 열게 될 조짐입니다. 신은 흠앙하여 칭송하는 마음을 금할 수 없습니다"라고 말했다.

신하들이 자신의 뜻을 따르자 고종은 "국호가 이미 정해졌으니, 환구단에 행할 고유제告由祭의 제문과 반조문頒詔文에 모두 '대한'으로 쓰도록 하라"고 명하였다.

《고종실록》 고종 34년 양력 10월 11일조

'대한제국'이란 새 국호의 제안자인 고종은 두 가지를 그 이유로 들고 있다. 첫째는 조선왕조의 영토는 고려가 마한·진한·변한의 땅을 통합한 것을 바탕으로 하고 조선에 들어와서 북쪽과 남쪽으로 더 넓힌 것인 만큼 삼한을 모두 아우른다는 의미에서 '대한'大韓이라는 명칭이 적절하다는 것이었다. 둘째는 주변 나라들이 우리나라를 이미 '조선'뿐 아니라 '한'이라고도 불러왔기 때문에 그들에게도 친숙한 명칭이라서 국제적으로도 새로 국호를 알려야 하는 부담이 없다는 것이었다.

거부당한 국호 '조선'

고종과 함께 국호에 관해 논의한 대신들의 주장 중에서는 심순택의 주장이 특히 눈길을 끈다. 1884년 갑신정변甲申政變이 실패한 후 영의정을 맡아 사태를 수습했던 심순택은 1896년 아관파천俄館播遷 이후 정부에서 다시 핵심적인 역할을 했으며 대한제국 수립과정에서도 주도적인 역할을 했다. 고종의 최측근이라고 할 수 있는 심순택은 조선이라는 국호는 옛날 기자箕子가 중국으로부터 봉해질 당시에 받았던 것이기 때문에 황제국으로 새 출발하는 마당에 그대로 사용해서는 안 된다고 거듭해서 주장했다.

심순택의 이런 주장이 갖는 역사적 의미를 이해하기 위해서는 조선왕조 건국의 주역이었던 정도전鄭道傳이 조선왕조의 국호와 관련해서 펼쳤던 주장과 대비해 보는 것이 좋다. 태조 이성계를 도와 조선왕조의 법적·제도적 기틀을 잡았던 정도전은 1394년 태조에게 올린《조선경국전》朝鮮經國典[8]의 앞부분에서 '조선'이란 국호에 대해 다음과 같이 말했다.

> 우리나라는 국호가 일정하지 않았다. 조선이라 일컬은 것이 셋이었으니 단군檀君, 기자箕子, 위만衛滿이 바로 그것이다. 박씨朴氏,

석씨昔氏, 김씨金氏는 서로 이어 신라新羅라고 일컬었으며, 온조溫祚는 앞서 백제百濟라 칭稱하였고, 견훤甄萱은 뒤에서 백제百濟라고 칭하였다. 또 고주몽高朱蒙은 고구려高句麗라 칭하였고, 궁예弓裔는 후고구려라 칭했으며, 왕씨王氏는 궁예를 대신하여 고려高麗라는 국호를 그대로 승습承襲하였다.

그러나 이들은 모두 한 지방을 몰래 차지하여 중국의 명령을 받지 않고 스스로 명호名號를 세우고는 서로 침탈侵奪만을 일삼았으니, 비록 칭호가 있더라도 취할 것이 무엇이 있겠는가. 오직 기자箕子만이 주무왕周武王의 명命을 받아 조선후朝鮮侯에 봉封해졌다. 이제 명明나라 천자天子께서는 "오직 조선이라는 칭호가 아름다울 뿐만 아니라 그 유래가 오래다. 그 이름을 그대로 사용하고 하늘을 본받아 백성을 잘살게 하면 후손이 길이 창성昌盛할 것이다"라고 명하였다. 이는 아마도 주무왕이 기자에게 명했던 것으로서 전하께 명한 것이니 이름이 이미 정당하고 말이 순順하다.

기자는 무왕武王에게 홍범洪範을 설명하였고 홍범의 뜻을 부연해서 8조條의 교敎를 만들어 나라에 시행하니 정치와 교화가 크게 행해지고 풍속이 지극히 아름다웠다. 그러므로 조선이라는 국호가 이와 같이 천하 후세에 알려진 것이다.

이제 조선이라는 아름다운 국호를 그대로 사용하게 되었으니, 기자箕子의 선정善政도 마땅히 강구해야 할 것이다. 명나라 천자의 덕德도 주무왕에게 부끄러울 것이 없으니 우리 전하의 덕도 어찌 기자에게 부끄러울 것이 있겠는가. 장차 홍범의 학문과 8조의 교가 오늘에 다시 시행되는 것을 보게 될 것이다. 공자孔子께서 "나는 동주東周를 만들겠다"고 하셨으니 공자께서 어찌 나를 속이겠는가."

"국호"(國號), 《조선경국전》(朝鮮經國典)

정도전은 '조선'이라는 국호가 갖는 가장 중요한 의미를 그 명칭이 중국으로부터 책봉 받은 기자箕子에게서 유래한다는 사실에서 찾았다. 그리고 명나라 태조를 주나라 무왕에, 조선 태조를 기자에 각각 비유하면서 조선을 유교적 가르침으로 잘 다스려 동쪽의 주나라로 만들겠다고 다짐하였다. '조선'이란 국호는 이처럼 철저하게 중국에 대한 사대의식에서 나온 것이었다. 그런데 심순택은 바로 그렇기 때문에 황제의 나라가 된 이상 '조선'이라는 국호를 사용해서는 안 된다고 주장한 것이다. 더구나 그는 한걸음 더 나아가 중국에게서 책봉 받은 '조선'이라는 국호를 사용한 것이 처음부터 잘못이었다는 주장까지 펴고 있다. 이는 우리 역사상 중국과의 관계에서 볼 때 혁명적인 인식의 변화라고 할 수 있다.

'대한'과 '삼한일통(三韓一統) 의식'

'조선'을 대체할 국호로 고종과 그 측근들이 선택한 것은 '대한'이었다. 그런데 여기서 '대한'의 '대'大자는 광복 후 '대한민국'이란 국호를 정할 때 제헌국회의 일부 의원들과 지식인들이 오해한 것처럼 높이는 의미로 붙인 것이 아니었다. '대한'은 마한·진한·변한의 삼한을 모두 아우르는 '커다란 한'이라는 뜻이었다.

역사 전문가들은 이런 사실을 잘 알고 있었다. 근대의 석학 최남선崔南善이 1946년에 펴낸 《조선상식문답》朝鮮常識問答은 '대한제국'이란 이름에 대해 "대한이라는 말은 한은 한이지만 옛날처럼 작은 한이 아니라 커다란 한이라는 뜻입니다. 이렇게 대한이라는 것은 두 글자가 합하여서 나라 이름이 된 것으로 결코 대명大明이나 대영大英처럼 높이는 의미로 대大자를 붙인 것이 아닙니다. 한국韓國이라 함은 실제 대한을 간단하게 부르는 것이었습니다"라고 설명했다. 《조선상식문답》은 또 "우리의 독립운동 시기에 대한이라는 이름을 그대로 쓴 것은 일본의 새 제도를 모르는 체하고 옛 나라를 그대로 지키고자 하는 의지를 보여온 것"이라고 지적했다. 역사적 사실에 입각한 이런 설명은 최남선 자신이 이를 정확히 알고 있었기 때문에 가능했다.

그런데 여기서 '대한'이라는 새 국호를 반포하는 고종의 조칙에 삼한을 통합한 시점을 '고려'라고 밝힌 점에 주목할 필요가 있다. 원래 삼한은 이 조칙에도 나와 있듯이 마한·진한·변한을 통틀어 가리키는 역사 용어였다. 그러나 통일신라, 후삼국, 고려시대의 삼한에 대한 인식 변화를 심층 추적한 노태돈 교수의 연구에 따르면 마한·진한·변한에 이어 한반도에 등장한 고구려·백제·신라의 삼국三國 역시 '삼한'이라고 통칭됐다. 특히 이렇게 삼국을 묶어서 '삼한'이라고 부른 것은 그들 나라 스스로보다도 중국과 일본 등 인접 국가들이었다. 중국의 수隋·당唐이나 일본 열도의 왜倭에게 삼국은 인종적·문화적·사회적으로 동질적인 국가들로 이해됐기 때문에 '삼한'이란 용어로 통칭한 것이었다. 그러나 정작 침략을 계속 주고받았던 삼국 스스로는 서로에 대한 동질감보다는 적대감이 더 컸다. 특히 일반 백성들은 언어적·문화적 친연성을 바탕으로 어느 정도 동질감이 형성됐지만 전쟁과 정치를 주도하던 지배층은 상대방을 죽이지 않으면 내가 죽는다는 대결의식에 사로잡힐 수밖에 없었다.

이렇게 서로 대립하던 삼국, 즉 삼한이 하나가 됐다는 '삼한일통'三韓一統 의식이 형성되기 시작한 것은 신라와 당나라의 연합군이 백제와 고구려를 멸망시킨 후 그 영토를 놓고 당나라와 신라의 대결이 치열해지면서였다. 신라는 신라와 고구려·백제 유민을 떼어놓으려는 당나라의 이간책에 맞서 고구려·백제 지역에 대한 적극적인 통합 정책을 펼쳤다. 고구려·백제의 옛 지배층을 신라의 지배체제 속에 편입시키고 신라·고구려·백제의 옛 영토를 각각 세 지역으로 나눠 전국을 9주九州로 재편하는 한편, 각 지역의 산천山川과 자연신自然神에 대한 제사를 정비해서 체계화했다. 이를 통해 고구려·백제·신라 후예들의 동질감은 크게 증대됐고, '삼한'란 용어도 마한·진한·변한이나 삼국을 가리키는 데서 벗어나 '우리나라'아방, 我邦라는 의미로 사용되기에 이르렀다.[9]

그러나 철저한 골품제骨品制 국가였던 통일신라는 신라 지배층 중심의 국가운영을 벗어날 수 없었고, 따라서 고구려·백제 유민의 통합에는 한계가 있었다. 그 결과로 삼국이 통일된 지 200여 년 만에 다시 고구려와 백제의 재건을 내건 후고구려와 후백제의 등장으로 후삼국시대가 열렸다. 하지만 삼국통일 이후 상당히 진행된 삼국의 통합은 다시 후삼국의 통일을 향한 구심력으로 작용했다. 후삼국 간의 팽팽한 세력균형이 무너지고 왕건 쪽으로 힘의 추가 기울자 급속히 재통일이 진행된 것이다.

이렇게 해서 성립된 고려 왕조는 '삼한일통' 의식을 더욱 강조함으로써 역사적 정통성과 국가적 정당성을 확보하려고 했다.[10] 태조 왕건은 후삼국의 재통합에 공로를 세운 신하들과 각지의 호족豪族 및 중앙 귀족들에게 '삼한공신'三韓功臣이라는 작호爵號를 내렸다. 또 고려시대 내내 왕의 교서敎書나 조칙, 상소문, 묘비명, 시문 등에 '삼한'이란 용어가 널리 사용됐다. '대한제국'을 선포하는 고종의 조칙에 삼한을 통합한 시점이 고려라고 한 것은 이런 역사적 맥락에서 이해할 수 있다.

‘조선’을 버리고 ‘대한’을 선택한 이유

고종과 그 측근들은 왜 ‘조선’이란 옛 국호를 버리고 ‘대한’이라는 새 국호를 선택한 것일까? 이들의 논리는 우리나라가 중국과 대등한 제국帝國이 되는 역사적인 순간에 중국으로부터 받은 국호가 아니라 우리 민족의 공동체 의식을 높일 수 있는 국호를 새로 사용하여 나라의 대내외적인 면모를 완전히 새롭게 일신하자는 것이었다. 이들의 이런 주장은 당시의 역사적, 국제정치적 맥락에서 짚어보면 그 의미가 보다 분명하게 드러난다.

‘대한제국’은 1897년 선포돼 1910년 일제에 나라를 빼앗길 때까지 불과 13년 동안 존속했다. 우리 역사 속에 나타났던 다른 왕조나 국호들에 비해 매우 짧은 기간이다. 더구나 조선왕조가 이름을 바꾼 것에 불과하다는 생각 때문에 독자적인 시대로 인식되지 않는 것이 일반적이다. 앞서 살펴본 것처럼 광복 후 국호를 논의하는 과정에서도 ‘대한’이라는 나라 이름이 사용된 기간이 길지 않아 일반 국민들이 친숙하지 않다는 점을 들어 반대하는 사람들이 있었다.

하지만 원로 역사학자 이성무 전 국사편찬위원장은 조선시대사 전체를 시대 순으로 설명한 방대한 분량의 《조선왕조사》에서 이런 인식이 잘못됐다고 지적한다.

대한제국이 19세기 말에서 20세기 초까지 범세계적인 대격변기에 자주독립을 열망하는 우리 국민의 간절한 소망을 담고 출범한 것만은 분명하다. … 역사부도나 국사 교재에서 대한제국을 조선에 포함시켜 다루거나 대한제국기를 '조선 말'로 칭한 것은 정확하지 않은 표현이다. 동양 전래의 화이관華夷觀이나 조선조 유자儒者들의 소중화小中華 의식이 19세기까지도 엄존했던 점에 비추어 대한제국 선포 자체는 그야말로 국가의식의 혁명적 전환이나 다름없다.

한국근현대사를 전공하는 미국인 역사학자 앙드레 슈미드Andre Schmid는 구舊제국 중국과 신新제국 일본 사이에서 근대국가 건설에 부심하는 한국의 모습을 그린 저서《제국 그 사이의 한국》Korea Between Empires 1895~1919에서 이 무렵 국호가 '조선'에서 '대한'으로 바뀐 것에 대해 다음과 같이 설명한다.

1890년대 후반, 조선왕조 명칭의 기원이 근대적인 주권의 관점에서 새롭게 조명되기 시작했다. 조선이라는 국호는 지난 500년 동안 한 번도 도전받아본 적이 없었다. 이제 중국에 조공을 바쳐 지속되는 기존의 정치에 대한 반대가 거세지면서 '조선'은 거부되고 '한'이 선호됐다. '한'은 반도의 남쪽에 위치했으며, 고대 왕조의 자취를 찾을 수 있는 지역이었다. 무엇보다도 중국의 지배를 전혀 받지 않은 지역이라는 점이 중요하게 어필했다. 고대 한韓 왕조의 전통은 '독립'의 느낌을 함축하고 있었기에 새로운 황제와 그의 제국은 '한'이라는 국호를 선택했던 것이다.

즉, 19세기 말 근대적인 세계질서 속의 자주국가로 새 출발하려는 조선왕조에게 가장 큰 문제는 오랫동안 종주국宗主國으로 인식되던 중국과의 관계를 재정립하는 것이었고, 이는 국호라는 측면에서 볼 때 '조선 = 예속', '한 = 독립'으로 인식됐다는 설명이다.

당시 사람들이 왜 '조선'이라는 국호를 그처럼 중국에 대한 예속의 상징으로 이해해서 버리려고 노력했는지는 '조선'이라는 국호가 처음 등장하는 과정을 보면 알 수 있다.

1392년 7월 17일 고려의 마지막 왕인 공양왕恭讓王을 폐위시키고 스스로 왕위에 오른 이성계는 다음날 명나라에 사신을 보내 이런 사실을 알렸다. 그리고 7월 19일 새로운 왕조의 수립을 승인해줄 것을 요청하는 사신을 다시 보냈다. 이에 대해 명나라 황제는 11월 27일 "고려高麗는 산이 경계를 이루고 바다가 가로막아 하늘이 동이東夷를 만들었으므로, 우리 중국이 통치할 바는 아니다. … 성교聲教는 자유로이 할 것이며, 과연 하늘의 뜻이 따르고 사람의 마음에 합하여 동이東夷의 백성을 편안하게 하고, 변방의 흔단釁端을 발생시키지 않는다면, 사절使節이 왕래할 것이니 실로 그 나라의 복일 것이다"라며 "문서가 도착하는 날에 나라에서 어떤 칭호로 고칠 것인가를 빨리 달려와서 보고하라"는 답변을 보내왔다. 중국과의 국경 지역에 말썽만 생기지 않는다면 고려 내부의 정치는 너희들이 알아서 하고, 새로운 나라를 세운다면 국호를 어떻게 할 것인지나 알려달라는 것이었다.

그러자 이성계는 바로 그날 국가 원로와 대신들을 모아서 국호에 대한 논의를 시작하게 했다. 이들이 추천한 새 국호는 '조선'과 '화령'和寧이었다. 조선은 단군 조선 이래로 우리 민족에게 친숙한 국호였고, 화령은 이성계가 태어난 함경도 지방의 지명이었다. 본래 이름은 화주和州였는데 고려 공민왕恭愍王 때에 화령으로 개칭되었다. 화령은 조선시대에 다시 영흥永興으로 이름이 바뀌어 오늘에 이른다.

신왕조의 국호를 승인받기 위한 사신은 1392년 11월 29일 명나라로 떠났고 해를 넘겨서 1393년 2월 15일 명나라의 답변을 받아 돌아왔다. 명나라 황제가 보내온 조칙은 "동이東夷의 국호에 다만 '조선'이라는 칭호가 아름답고, 또 이것이 전래한 지가 오래 되었으니, 그 명칭을 근본하여 본받을 것이며, 하늘을 본받아 백성을 다스려서 후사後嗣를 영구히 번성하게 하라"東夷之號, 惟朝鮮之稱美, 且其來遠, 可以本其名而祖之. 體天牧民, 永昌後嗣는 것이었다. 그러자 태조는 바로 그날로 "지금부터는 고려高麗란 나라 이름은 없애고 조선이라는 국호를 좇아 쓰게 할 것"可自今除高麗國名, 遵用朝鮮之號이라는 교지를 내렸다. 이런 과정을 거쳐서 중국 황제가 정해준 '조선'이란 국호는 그 뒤에 있는 중국의 크고 짙은 그림자를 가릴 수 없었던 것이다.

한국근현대사를 국제정치적 맥락에서 재조명하고 있는 김명섭 연세대 교수는 "대한제국의 수립 이후 '대한' 또는 '한국'이라는 개념은 제국帝國적 질서에서 벗어난 국제적 '독립'獨立의 의미를 내포했다"고 분석한다. 그리고 이처럼 대한제국 선포 이후 국내외적으로 '대한=독립'으로 인식됐기 때문에 1910년 한일 강제병합 이후 일본 제국주의는 '한국'을 다시 '조선'으로 격하시키고 '조선총독부'를 설치했다고 설명한다. 과거 중화제국中華帝國의 질서 안에서 '조선'으로 존재했던 것처럼 앞으로는 일본제국日本帝國의 지배 아래서 '조선'으로 존속해야 한다는 저의였다는 것이다.

03

국민 속에 퍼져나간 '대한'

'대한'이라는 새 국호는 신문과 잡지 등 언론을 통해 내·외국인들에게 바로 전해졌다. 《독립신문》獨立新聞 1897년 10월 16일자에는 다음과 같은 기사가 실려 있다.

> 금월 13일에 나리신 죠칙을 인연하야 죠션 국명이 변하야 대한국이 되엿스니 지금브터난 조선 인민이 대한국 인민이 된 쥴노들 아시요.

영국인·미국인 선교사들이 발간하여 한국의 정치·경제·문화·풍속 등을 소개하던 영문 월간지 *The Korean Repository*《한국휘보》는 1897년 10월호에서 고종의 황제 즉위와 대한제국 선포에 대해 자세히 다뤘다.

> 조선왕조는 1897년 10월 12일 조용히 끝났다. 침략자의 말발굽이나 반역자의 외침 없이 이런 변화는 일어났다. 이 나라의 언덕에는 대포 소리도 들리지 않았고, 수도의 길거리에는 화려한 횃불의 불꽃도 없었다. (중략) 이틀 뒤인 14일에 나라의 이름은 '대한'으로 바뀌었다. 이는 세 개의 '한'韓 왕조로부터 스스로를 구분했다.
>
> 논설 "The Emperor of Great Han", *The Korean Repository* 1897년 10월호

대한제국 시기에 '대한'이라는 용어는 우리나라의 공식 국호로 대내외적으로 사용됐을 뿐 아니라 '대한자강회', '대한협회', 《대한매일신보》, 《대한민보》 등 자강운동단체와 언론의 이름으로 광범위하게 쓰이면서 국민들의 귀에 친숙해졌다.

《대한매일신보》大韓每日申報, *Korea Daily News*는 영국인 베델Ernest Thomas Bethell, 한국명 배설(裵說)과 한말의 대표적 언론인이었던 양기탁梁起鐸 등의 주도로 1904년 7월 창간됐다. 10대 후반에 일본으로 건너가 무역업에 종사하던 베델은 1904년 2월 러일전쟁이 일어나자 영국 신문 《데일리 크로니클》*Daily Chronicle*의 특별통신원으로 한국에 왔다. 그는 당시 서울에서 발행되는 영어 신문이 없는 것을 알고는 영문판 4면, 한글판 2면의 《대한매일신보》를 창간했다. 한학을 공부했고, 영어와 일본어를 구사할 줄 알았던 양기탁이 총무로 그를 보좌했다. 또 당대의 논객論客이었던 박

은식朴殷植과 신채호가 논설진에 있으면서 필봉을 휘둘렀다.

《대한매일신보》는 발행인이 외국인이었기 때문에 다른 한국 신문들과는 달리 일본군의 검열을 받지 않을 수 있었다. 《대한매일신보》는 이런 이점을 최대한 활용하여 일제의 한국 침략정책을 비판하는 기사와 논설을 싣고, 국채보상운동 등 구국운동을 주도하면서 내외국인에게 커다란 영향력을 행사했다. 1908년 5월 조사에 따르면 《대한매일신보》는 국한문판이 8,143부, 국문판이 4,650부, 영문판이 463부로 모두 13,256부가 발행되는 것으로 나타났다. 이는 당시 한국에서 간행되던 신문 가운데 가장 많은 부수로, 다른 신문들을 모두 합한 것과 비슷했다.

일제통감부는 《대한매일신보》의 활동을 방해하기 위해 발행인인 베델의 추방을 계속 시도했다. 1907년과 1908년 두 차례에 걸쳐 재판에 회부됐던 베델은 이 때문에 건강이 악화돼 1909년 5월 서른일곱 살의 젊은 나이로 아깝게 세상을 떠났다. 《대한매일신보》의 또 다른 주역이었던 양기탁도 1908년 7월 국채보상의연금을 횡령했다는 혐의로 구속됐다가 무죄로 석방됐다. 베델로부터 《대한매일신보》의 발행인을 물려받은 그의 비서 만함Alfred Marnham은 일제의 계속되는 회유에 1910년 6월 신문사를 한국인 사원인 이장훈李章薰에게 넘겼고 이후 《대한매일신보》는 사실상 통감부의 영향력 아래 들어갔다. 이렇게 되자 양기탁 등 《대한매일신보》의 핵심 인사들은 신문사를 떠났다.

베델이 신문 제호를《대한매일신보》라고 정한 경위와 이유는 밝혀져 있지 않다. 하지만 당시의 공식 국호가 대한제국이었고, 일간신문이었던 만큼《대한매일신보》라는 이름은 매우 자연스럽다. 또 베델이 세상을 떠난 뒤《대한매일신보》에 실린 다음과 같은 기사는 당시의 정황을 말해준다.

> 배설 씨가 서거하기 하루 전에 본本 기자의 손을 잡고 간곡하게 한마디를 남겨 말하기를 "나는 죽지만 신보申報는 영원히 살게 해서 한국韓國 동포를 구하라" 하고 이어 세상을 떠났으니 … 본 기자가 이 말을 큰 띠에 쓰고 뇌에 새겨서 잠시라도 감히 배설 씨의 영혼을 저버리지 않으려 한다.
>
> 《대한매일신보》 1909년 5월 5일자 논설

양기탁이 쓴 것으로 보이는 이 기사는 당시 '한국'이라는 나라 이름이 외국인인 베델까지 자연스럽게 사용할 정도로 일반화됐다는 사실을 알려준다.

'대한자강회'大韓自强會는 1906년 3월 장지연·윤효정尹孝定·윤치호·남궁훈南宮薰 등 민족운동가들의 주도로 만들어졌다. 한 해 전 대한제국의 외교권을 일본에 넘기는 을사조약乙巳條約이 체결됐으며, 이에 따라 1906년 2월 통감부가 설치되고 다음 달 이토 히로부미伊藤博文가 초대 통감으로 부임했다. 이처럼 어려운 시기에 설립된 대한자강회는 국내외에 33개의 지회를 설치하고 《대한자강회월보》大韓自强會月報를 발행하면서 활발한 활동을 벌여나갔다. 약 1,500명에 이르렀던 대한자강회의 회원들은 개화자강 계열의 인사들과 개신유학자들이 대부분이었고, 지도부는 독립협회를 주도했던 인사들이 중심을 이루었다.

대한자강회의 목적은 '대한자강회취지서'大韓自强會趣旨書의 다음과 같은 구절에 잘 나타나 있다.

> 무릇 나라의 독립은 오직 자강自强을 할 수 있느냐 없느냐에 달려 있다. 우리 대한我韓이 종전에 자강의 방도를 강구치 아니하여 인민이 스스로 우매함에 갇히고 국력이 스스로 쇠퇴하게 되었고 나아가서 금일의 험난한 지경에 이르러 외국인의 보호까지 받게 되었다. 이것은 모두 자강의 방도에 뜻을 두지 않았기 때문이다. … 이제 우리 대한我韓은 삼천리 강토가 빠짐이 없고 이천만 민족이 스스로 있으니 진실로 힘써 자강에 노력하여 모두 힘을 합하면 부강한 앞날과 국권國權의 회복을 기대할 수 있다. … 모든 군자는 누가 의기가 북받쳐 국권의 회복을 꿈꾸지 않겠는가. 바라건대 주저하지 말고 의협심과 혈기를 함께하여 자강의 방도에 힘쓰고 국권 회복의 길로 나아가면 대한독립大韓獨立의 기초가 여기에 달려 있으니 이 어찌 온 나라의 행복이 아니겠는가.

이처럼 국권회복의 방도인 자강自强에 온 민족이 모두 함께 힘쓸 것을 호소하는 대한자강회의 취지문에는 '대한', '한'이란 단어가 거듭 사용되어 강렬한 인상을 준다.

'대한'이란 이름은 대한자강회가 1907년 8월 일제통감부에 의해 강제로 해산된 뒤 3개월 만에 그 후신으로 만들어진 '대한협회'大韓協會로 계승됐다. 대한협회는 대한자강회를 주도했던 윤효정·장지연·남궁억南宮憶·오세창吳世昌·권동진權東鎭·유근柳瑾 등이 중심인물이었고 전국에 60여 개의 지회를 설치했으며 회원은 약 3,500명에 이르렀다. 국민의 '개화교도'開化教導를 목적으로 한 대한협회는《대한협회회보》大韓協會會報를 발행했고, 이를 일간신문으로 변경하여《대한민보》大韓民報를 펴냈다.

'대한 세대'의 형성

'대한'大韓이라는 이름은 외국으로 공부하러 간 유학생 단체에서도 광범위하게 사용됐다. 두 차례 중단됐던 관비官費 유학생 파견이 1904년 이후 재개되고 사비私費 유학생도 크게 증가함에 따라 가장 많은 유학생이 공부하고 있던 일본에서 유학생 단체들이 잇달아 만들어졌다. 이 중 '대한유학생구락부'와 '청년회'가 통합하여 1906년 7월 '대한유학생회'가 설립됐다. 대한유학생회는 민영환閔泳煥·최익현 등 애국지사 추도회와 연설회, 토론회 등을 개최하고 월간《대한유학생회학보》大韓留學生會學報를 발간하여 애국사상과 국내외 정세의 전파에 힘썼다.

대한유학생회는 다른 유학생 단체들과의 통합운동을 계속 했고, 그 결과로 낙동洛東친목회, 호남학회 등을 흡수하여 1908년 1월 '대한학회'로 확대 발족했다. 대한학회 역시 월보月報 발행을 통해 구국계몽운동을 펼쳤으며 토론회와 연설회 등을 통해 회원 간의 친목과 민족의식 고양에 힘썼다.

일본에서 진행된 유학생 단체 통합의 최종 성과는 1909년 1월 대한학회와 태극학회太極學會, 공수학회共修學會, 연학회研學會 등이 통합하여 만들어진 '대한흥학회'大韓興學會였다. 대한흥학회는 함경도와 평안도 등 국내에도 지회를 설치했으며, 출판부를 설립하고 인쇄기를 구입하여 기관지인《대한흥학보》를 1909년 3월부터 1910년 5월까지 매월 2,000부씩 발행하여 국내외에 배포했다.

1895년 우리나라의 일본 유학생들이 처음 만든 유학생 단체의 이름은 '대조선인일본유학생친목회'大朝鮮人日本留學生親睦會였다. 그로부터 10여 년이 지나 설립된 일본 유학생 단체들의 이름이 한결같이 '대한'을 사용하는 것은 이 무렵이 되면 청년 지식인들의 머릿속에 '대한'이 새 국호로 자연스럽게 자리 잡았음을 말해준다. 따라서 이 시기에 민족운동을 시작했거나 민족의 운명에 관심을 가졌던 사람들은 우리 민족이나 국가의 호칭으로 '대한'에 특별한 애정을 가질 수밖에 없었다. '대한大韓 세대'라고

부를 수 있는 애국지사 그룹이 광범위하게 만들어진 것이었다.

훗날 '대한민국'이라는 국호가 탄생하는 데 이론적 기초를 놓고 이를 주도한 조소앙은 1904~1912년 일본에서 관비 유학생으로 공부할 무렵 '대한흥학회' 조직을 주도했고, 그 회지인《대한흥학보》大韓興學報의 편집인을 맡았다. 대한유학생회의 주요 인물로는 회장을 역임한 최린崔麟 · 최석하崔錫夏 · 박승빈朴勝彬 등과 학보 편집인이었던 최남선, 발행인이었던 유승흠柳承欽 등을 꼽을 수 있다. 민족과 나라에 대한 사랑을 키우던 이들 젊은 우국지사憂國之士들의 뇌리에 '대한'이라는 국호는 깊이 새겨졌다.

04

일제의 '대한' 말살 정책

이처럼 '대한'이라는 국호는 대한제국 시기 정부의 근대화 추진과 민간의 애국계몽운동을 상징하는 용어가 됐기 때문에 1910년 조선을 강제병합하면서 일본은 '대한'이란 국호를 지우기 위해 전력을 기울였다. 일본이 대한제국의 국호를 바꾸기로 한 것은 1910년 5월 30일 제3대 조선통감으로 임명된 테라우치 마사다케寺內正毅가 비밀리에 구성한 병합준비위원회의 결정이었다. 육군상으로 재임하다가 한국병합에 소극적이며 와병 중이던 소네 아라스케曾禰荒助 대신 조선통감이 된 테라우치는 바로 조선에 부임하지 않고 비밀리에 병합준비위원회를 만들어 한국의 국호, 황실에 대한 대우, 한국 국민의 통치 방침, 병합에 필요한 총 경비 산출 등의 임무를 맡겼다. 외무성 정무국장 구라치 데쓰키치倉知鐵吉, 통감부 외사부장 고마쓰 히토리小松綠 등 정부 각 부처의 실무책임자들로 구성된 병합준비

제3대 조선통감으로 임명된 테라우치 마사다케의 부임 행렬

위원회는 회의를 거듭한 끝에 7월 7일 총 21개 조로 된 '병합실행방법세목'併合實行方法細目을 완성했고, 다음날 각의는 이를 통과시켰다.

이 세목의 제1조인 '국칭國稱의 건'에는 "한국韓國을 개칭改稱하여 조선朝鮮으로 할 것"이라고 돼 있다. 이 세목의 국내 관련 사항들을 담당했던 고마쓰의 회고에 따르면 한국을 병합하여 일본제국의 일부로 만드는 이상 '남해도'南海道와 같이 완전히 새로운 이름으로 하는 것이 좋다는 주장도 나왔지만, 1895년 타이완臺灣을 병합할 때 구칭舊稱을 그대로 보존했던 전례에 따라서 조선으로 결정했다고 한다.

대한제국을 병합하기 위한 실무 준비를 마친 테라우치는 7월 23일 서울에 부임하여 본격적인 병합작업에 들어갔다. 그는 헌병과 경찰을 동원하여 만일의 사태에 대비하는 한편 신문 검열을 강화하여 병합과 관련된 언론 보도를 통제했다. 그리고 이완용李完用·송병준·이용구李容九 등 친일親日세력들을 서로 경쟁시키며 병합에 앞장서게 만들었다. 8월 5일 이완용의 심복인 이인직李人稙이 고마쓰를 방문하여 병합에 관한 이완용의 의중을 전달했고, 이어 8월 16일 총리대신 이완용과 그의 측근인 농상공부대신 조중응趙重應이 통감관저를 방문하여 테라우치와 병합에 관한 예비협의를 시작했다. 이 자리에서 테라우치는 국호에 대해서는 언급하지 않고 병합 후 조선 황실 및 고위 관료들에 대한 예우 문제를 주로 거론했다. 그는 순종이 사용하던 '황제'皇帝의 칭호를 '대공'大公으로 바꿀 것이라며, 대공은 '왕'王보다 위에 있고 일본 황족皇族의 예우를 받게 된다고 말했다.

이완용은 병합 자체에 대해서는 수긍했지만 국호와 왕칭王稱은 그대로 보존해줄 것을 요청했다. 즉, 국호는 그대로 한국으로 하고, 왕이란 구칭舊稱을 사용하게 해달라는 것이었다. 이에 대해 테라우치는 그럴 경우 '한국왕'韓國王이라고 부르게 되는데 이는 국내외에 오해를 불러일으키고 장차 분쟁을 야기할 우려가 있어서 곤란하다고 말했다. 그러면서 '한국'이라는 국호를 보존할 경우 두 나라가 하나가 된다는 본래의 취지에 어긋난다며 국호를 바꿀 의사를 나타냈다.

그러자 이완용과 조중응은 일단 돌아갔고, 이 문제를 숙의한 뒤 그날 저녁 조중응이 다시 테라우치를 방문했다. 이 자리에서 조중응은 다시 한 번 국호를 보존하고 왕이라는 구칭을 사용하게 해달라고 요청했다.

> 국호까지 완전히 없어지면 한국 상하의 인심에 비상한 영향을 미쳐서 물의를 일으킬 구실이 될 것이다. 또 대공大公이란 호칭은 외국에 있어서는 높은 존칭인지 모르지만 동양에서는 익숙하지 않기 때문에 사람들은 왕보다 하위에 있다고 오인할 것이다.
>
> 고마쓰 미토리, 《명치사실 외교비화》 462쪽

이에 대한 테라우치의 응답은 다음과 같았다.

> 한국이라는 국호는 청일전쟁 이후 일본이 권해서 붙인 이름에 지나지 않는다. 또 그것을 병합 후에도 존속한다면 나라의 안에 나라를 세우는 모양이 돼서 양국이 일가一家가 된다는 취지에 부응하지 못한다. 따라서 '한국'이라고 부르고 싶다는 희망은 도저히 받아들일 수 없다. 그 대신 '국'國이라는 글자를 떼고 단순히 한이라고 하던가 옛 이름인 '조선'으로 돌아간다면 별로 반대가 없을 것이라고 생각한다. 왕의 칭호에 대해서는 왕보다 상위인 '대공'을 원하지 않고 '왕'에 만족한다면 우리 정부도 받아들일 것이다.
>
> 고마쓰 미토리, 《명치사실 외교비화》 463쪽

그러자 조중응은 "조선이라는 구칭을 회복한다면 좋다. 그리고 왕이라는 칭호를 보존하여 '조선왕'이라고 부른다면 다행"이라고 말했다. 이에 대해 테라우치는 " '조선왕'은 '한국왕'과 같은 문제점을 안고 있으니, 왕이라는 호칭 앞에 그 성姓을 붙여서 '이왕'李王으로 하자"고 수정 제의했다.

조중응은 "한국을 조선으로 고친다. 한국 황제를 이왕이라고 부른다"는 테라우치의 제안을 갖고 돌아갔고, 내각 각료들과의 협의를 거쳐 다음날인 8월 17일 오후 8시 다시 테라우치를 방문해 그의 제안을 받아들이겠다고 통보했다.

테라우치 통감은 이완용·조중응과 국호에 대해 논의한 다음날인 8월 17일 오후 3시 본국의 가쓰라 다로오桂太郎 총리대신에게 다음과 같은 전문電文을 보냈다.

> 지난날 통감부 촉탁이 휴대해 올린 칙령안에 '구한국舊韓國의 경토境土는 이를 조선으로 칭한다'라고 돼 있으나 위는 한인 측의 의향도 참작할 사정이 있어 아울러 위 안案을 다음과 같은 자구로 고쳐서 조약 공포와 동시에 공포하여 달라. '한국韓國의 국호는 이를 고쳐 이제부터 조선이라 칭한다'. 위는 아무 지장이 없을 것으로 믿으나 먼저 회전 있기를.

이에 대해 가쓰라 총리대신은 당일 오후 8시 반에 테라우치

통감에게 "한국의 국호에 관한 칙령을 바꾸는 건. 이는 지장이 없다고 보나 다시 생각한 뒤 내일 아침에 답전할 것"이라고 회신했다. 그리고 다음날인 8월 18일 오후 12시 반에 "한국 국호는 이를 고쳐서 이제부터 조선이라 칭하는 건 어느 것이나 이의 없음. 위 답함"이라고 최종 승인을 보냈다.

이렇게 해서 강제병합 이후의 이름은 '조선'으로 확정됐다. 그리고 강제병합 당일인 1910년 8월 29일 메이지 일왕日王이 "한국의 국호는 고쳐서 지금부터 조선이라 부른다"는 칙령勅令 318호와 "조선에 조선총독부를 설치한다"는 칙령 319호를 발표함으로써 이는 대외적으로 공포됐다.

이로써 '대한제국'이라는 국호는 사라지고 다시 '조선'이라는 옛 이름으로 돌아갔다. 일제가 '대한'이란 이름 대신에 '조선'을 선택한 이유는 1910년 10월 1일 조선총독부 초대 총독이 된 테라우치가 당시 총독부 청사가 있던 서울 남산 왜성대倭城臺에서 조선총독부 간판을 내걸면서 직원들에게 했다는 다음과 같은 훈시에 잘 나타나 있다.

> 이 땅 이 판도는 오늘부터 '대한제국'이 아니라 '조선'이라 부른다. '한성'漢城은 '경성'京城이라 한다. 저들은 '조선'보다 '대한제국'에 미련이 남아 있고, 경성보다 한성에 연연하며, 대일본제국

의 신민臣民이라기보다 한민족韓民族이기를 원하지만 나를 믿고 지시대로 봉공하라.

김기빈, 《일제에 빼앗긴 땅이름을 찾아서》에서 재인용

한국근대사 연구자인 강창일 전 배재대 교수는 당시의 상황을 이렇게 설명한다.

일본은 1910년 대한제국을 멸망시켜 강점하였다. 이때 총독부 명칭을 조선으로 할 것인지 아니면 한이나 고려로 할 것인지 논란이 있었다고 한다. 결국 조선총독부로 결정됐는데, 아마 다음과 같은 이유에서일 것이라고 추측된다.

우선은 독립국인 대한제국을 멸망시켰기 때문에 그것을 부정하는 입장에서 한의 명칭은 채택할 수가 없었을 것이고, 다음에는 식민지 한국을 대륙침략의 전진기지로 위치지었기 때문에 한반도의 북쪽과 만주를 지배영역으로 하였던 고조선의 조선이라는 용어가 적합하였을 것이다. 종래에는 조선이 독립국이 아니라 중국의 속방屬邦이라고 주장하면서 한민족의 타율성과 부용성附庸性을 강조하기 위하여 조선이라는 명칭을 사용하였다고 하는 설도 있다.

"일본에서는 한 · 조선 · 고려가 어떻게 사용되었나", 《역사비평》 21호

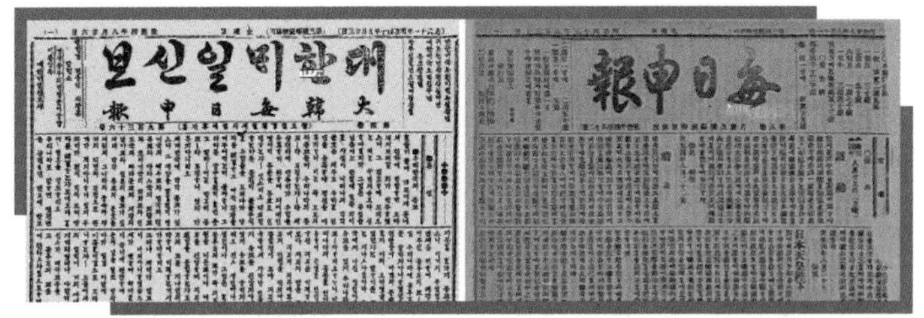
대한매일신보
大韓每日申報

每日申報

《대한매일신보》에서《매일신보》로 변경된 제호

국호는 물론 '대한'이란 단어 자체를 말살하려는 일본제국주의와 조선총독부의 방침에 따라 '대한'을 사용하던 신문과 단체 등도 이름을 바꾸어야 했다. 대표적인 항일신문《대한매일신보》는 1910년 8월 30일부터 '대한'이란 글자를 떼어내고《매일신보》每日申報라는 이름으로 총독부 기관지가 되고 말았다. 《매일신보》로 이름을 바꾼 뒤 처음 나온 1910년 8월 30일자 신문은 "보사명호개정"報社名號改正이란 사고를 통해 "대한의 국호를 조선으로 개칭한 이후에도 대한으로 계속 부르는 것은 이치에 맞지 않기 때문에 본보의 이름과 회사 명칭에서 '대한' 두 글자는 삭제하였다"고 밝혔다. 또《대한신문》大韓新聞은《한양신문》漢陽新聞으로,《대한민보》大韓民報는 그냥《민보》民報로 이름이 바뀌었다.

또한 그때까지 각급 학교들이 사용하고 있던 교과서 가운데 책이름에 '대한'大韓이나 '한국'韓國이 들어 있는 것은 모두 판매 금지되고 말았다.

독립운동가들이 되살린 '대한'

01 '대한제국'에서 '대한민국'으로
02 '대한'과 '신한'의 정착
03 독립선언서와 단체에 나타난 '대한'
04 '대한', '조선'의 도전에 직면하다
05 '한'과 '조선'의 대립과 각축

3·1운동 후 독립운동가들은 과거의 '대한제국'을 그대로 되살린 것이 아니라 '대한민국'을 새로 세웠다. '제국'(帝國)에서 '민국'(民國)으로의 변화는 나라의 주권이 군주에서 국민으로 넘어갔다는 중대한 사실을 보여주는 것이다. 그러나 확고하게 정착되는 것 같았던 '대한'이란 국호는 1920년대에 들어서면서 '조선'이란 또 다른 국호의 도전에 직면하게 된다.

01

'대한제국'에서 '대한민국'으로

이렇게 일제가 강제로 못 쓰게 한 국호였기에 빼앗긴 나라를 되찾으려는 독립운동가들에게 '대한'이란 국호는 특별한 의미를 지녔다. 그들은 어떻게 해서든 '대한'이란 나라 이름을 되찾으려 했다. 하지만 3·1운동 후 이들은 '대한제국'을 그대로 되살린 것이 아니라 '대한민국'을 세웠다. '제국'帝國에서 '민국'民國으로의 변화는 나라의 주권이 군주에서 국민으로 넘어갔다는 중대한 사실을 보여준다.

우리나라 역사상 군주정에서 공화정으로 변화하는 역사적 흐름을 처음으로 분명하게 나타낸 것은 1907년 만들어진 민족운동단체 '신민회'新民會였다. 신민회는 1905년 을사조약으로 일제에 외교권과 군사권을 넘겨주고 내정의 상당 부분도 간섭받게 됨으로써 사실상 나라를 빼앗긴 것이나 다름없이 된 상황에서 미국에 망명 중이던 안창호의 제안으로 양기탁·윤치호·장지연·신채호·박은식·이동휘·이승훈李昇薰·이동녕 등 민족운동가들이 만든 비밀조직이었다. 국내외에 약 800명에 이르렀던 신민회 회원들은 대부분 1896년 미국에서 귀국한 서재필 등에 의해 창립되어 활동하다 2년 뒤 대한제국 정부의 탄압에 의해 와해된 독립협회의 청년회원 출신들로, 이후 민족운동과 독립운동을 주도해나갔다.[11]

신민회의 목적과 지향은 출범 당시에 발표한 '대한신민회취지서'大韓新民會趣旨書와 내부 운영방침을 규정한 '대한신민회통용장정'大韓新民會通用章程에 담겨 있다. '대한신민회통용장정' 2장 1절은 "본회本會의 목적은 우리 한국의 부패한 사상과 습관을 혁신하여 국민을 유신維新시켜 쇠퇴한 교육과 산업을 개량하고 사업을 유신시켜 유신된 국민이 통일연합해서 유신이 된 자유문명국을 성립시킨다"라고 돼 있다. 신민회가 목표로 내건 '유신維新이 된 자유문명국'에 대해 일제 경찰당국이 1909년 3월 일본 본국에 보낸 "재미在美 대한신민회의 건件"이란 비밀보고서는 다음과 같이 부연 설명하고 있다.

> 동회同會의 목적은 한국의 부패한 사상과 습관을 혁신하여 국민을 유신維新하고, 쇠퇴한 교육과 산업을 진흥시켜 사업을 유신하고, 유신된 국민이 통일 연합하여 유신된 자유문명국을 성립시키는 것으로 그 깊은 뜻이야말로 한국으로 하여금 열국列國의

보호하에 공화정체共和政體의 독립국으로 만드는 데 목적이 있다고 합니다.

이에 대해 신용하 서울대 명예교수는 "신민회의 창건과 그 국권회복운동(상)"《한국학보》 8호, 1977년이란 논문에서 "신민회가 (국권 회복 이후에 수립할) 자유독립국의 정체政體를 입헌군주국立憲君主國으로 하지 않고 공화국共和國으로 한다고 한 것은 사상적으로 큰 진전이었다. 독립협회 때에는 입헌군주국을 협회의 공식 목표로 하였으며, 공화국으로의 개혁은 소수의 청년들 사이의 이상에 불과하였다. 신민회에 이르면 입헌군주국은 낡은 것으로 인식되고 처음부터 국권 회복 후에는 공화정 수립이 목표로 되기에 이르렀다"고 높이 평가했다.

공화정 지향은 해외, 특히 미국에 있던 독립운동가들 사이에서도 점차 확산됐다. 1905년 샌프란시스코에서 창립된 공립협회와 1910년 북미지역의 통합 한인단체로 발족한 대한인국민회는 공화제 정부 수립을 목표로 내걸고 기관지를 통해 이를 적극 주장했다. 이들은 국망國亡 이후에는 임시정부의 일종인 '무형無形국가' 수립을 주장했는데 이는 공화정을 전제로 한 것이었다.

이처럼 신민회와 미주 지역의 독립운동가들이 단초를 열었던 공화정 수립 지향은 일제강점기에 접어들어 더욱 강화돼나

大同團結의宣言

夫合則立分則倒난天道의原理오分久欲合은人情의律呂라撫念하건대久로난三百年儒者의黨論이李朝滅亡史의太半을占領하엿고近에至하야난十三道志士의墻鬩이新建設의中心을攪亂하난도다如斯한三分五裂의悲劇을目睹하고分門立戶의苦痛을備嘗한吾人은情律에依하야大合同을要求함이自然의義務오또道理에據하야總團結을主張함이當然의權利로다非但吾人의主論이如是라一般同胞의聲이오時代의命이니滿天下傷心志士에誰가獨히同感치안으리오

그러나總團結의問題난由來ㅣ久矣라聞하매耳ㅣ聒하고言하매齒ㅣ酸하도다人皆曰合同合同하야도及其實行에關하야난或力不及에罪를嫁하며或地不便에責을歸하며或競爭無害로題를轉하야左托右憑

大同團結宣言 一

大同團結宣言 四

리로다是난無他라支離私關로國家相續의大義를不顧함이니何故오隆熙皇帝가三寶를拋棄한八月二十九日은即吾人同志가三寶를繼承한八月二十九日이니其間에瞬間도停息이無함이라吾人同志난完全한相續者니彼帝權消滅의時가即民權發生의時오舊韓最終의一日은即新韓最初의一日이니何以故오我韓은無始以來로韓人의韓이오非韓人의韓이아니라韓人間의主權授受난歷史上不文法의國憲이오非韓人에게主權讓與난根本的無效오韓國民性의絕對不許하난바이라故로庚戌年隆熙皇帝의主權拋棄난即我國民同志에對한默示的禪位니我同志난當然히三寶를繼承하야統治할特權이잇고또大統을相續할義務가有하도다故로二千万의生靈과三千里의舊疆과四千年의主權은吾人同志가相續하엿고相續하난中이오相續할터이니吾人同志

독립운동가들의 군주제에서 공화제로의 의식 변화를 보여주는 '대동단결선언'

갔다. 국호는 그대로 '대한'으로 하여 국가의 연속성을 유지하면서 '제국'을 '민국'으로 바꾸어 군주정에서 공화정으로 이행함으로써 '대한제국'이 '대한민국'으로 가는 역사적 흐름을 보여주는 중요한 문서는 1917년 7월 상하이에서 신규식·조소앙·신석우·박용만·박은식·신채호·윤세복尹世復·조성환 등 독립운동가 14명의 명의로 발표된 '대동단결선언'大同團結宣言이었다.

국내외의 독립운동을 총지휘할 임시정부의 수립을 촉구한 이 선언문은 국권을 되찾은 후 수립할 새 국가의 국체國體와 관련해서도 중대한 인식의 전환을 담고 있다.

융희隆熙 황제가 삼보三寶를 포기한 8월 29일은 즉 오인吾人 동지가 삼보를 계승한 8월 29일이니, 그간에 순간도 정식停息이 무無함이라. 오인 동지는 완전한 상속자니, 그 제권帝權 소멸의 시時가 즉 민권民權 발생의 시오, 구한舊韓 최종의 일일一日은 즉 신한新韓 최초의 일일이니, 어찌 된 이유인가. 아한我韓은 예로부터 한인韓人의 한이요 비非한인의 한이 아니라, 한인간의 주권主權 수수는 역사상 불문법의 국헌國憲이오, 비한인에게 주권 양여는 근본적 무효이며, 한국 민성民性이 절대 불허하는 바이다. 그러므로 경술년 융희 황제의 주권 포기는 즉 우리 국민 동지에 대한 묵시적인 선위禪位니 우리 동지는 당연히 삼보를 계승하여 통치할 특권이 있고 또 대통大統을 상속할 의무가 있다.

'대동단결선언'의 이 부분에는 두 가지 중요한 주장이 들어 있다. 하나는 우리 민족의 주권은 민족 내부에서 전수되는 것이 불문不文 헌법에 해당하기 때문에 융희 황제순종가 일제에 국권國權을 넘긴 것은 원천 무효라는 것이다. 다른 하나는 융희 황제가 주권을 포기한 순간, 그 주권은 국민, 그중에서도 국민을 정치적으로 대표하는 독립운동가들에게 넘어왔다는 것이다. 그 순간에 군주권이 지배하는 '구한'舊韓은 종식됐고, 민권民權이 지배하는 '신한'新韓이 시작됐다는 인식이다. 이런 인식을 국호와 연결지어 표현하면 '대한제국'에서 '대한민국'으로의 변화로 연결된다.

'대동단결선언'은 누구의 작품인지 분명히 밝혀지지 않았다. 하지만 조소앙은 훗날 자신이 '대동단결선언'을 "기초 및 발포發布했다"《회고》(回顧), "수초手草했다"《자전》(自傳)고 거듭 밝혔다. 또 1986년 독립기념관에 기증된 도산 안창호의 유품에서 발견된 '대동단결선언'을 체계적으로 분석한 조동걸 교수는 "임시정부 수립을 위한 1917년의 '대동단결선언'"《한국학논총》 9호, 국민대 한국학연구소, 1987년이란 논문에서 조소앙이 서명자 중 신규식에 이어 두 번째로 이름이 올랐고, 또 그 내용이 조소앙이 작성한 것으로 전해지는 '대한독립선언서'일명 '무오 독립선언서'과 매우 비슷한 점 등을 들어 "소앙이 문안 작성에 깊이 관여한 것이 확실하다"고 주장했다.

일제에 나라를 빼앗긴 직후만 해도 일제가 강제로 폐위시킨 융희 황제순종나 대한제국의 구 황실을 독립운동의 구심점으로 삼으려는 움직임이 있었다. 하지만 1910년대 중반에 이르러서는 나라를 되찾으면 군주정을 되살리려는 복벽復辟 운동은 거의 사라지고 국민주권론에 입각한 공화정을 세워야 한다는 인식이 일반화되기에 이르렀다. 3·1운동의 결과로 임시정부를 만들면서 '대한민국'이 자연스럽게 국호로 채택된 데는 이런 역사적 흐름이 놓여 있었다.

02

'대한'과 '신한'의 정착

일제가 강제로 사용하지 못하게 한 '대한'이라는 국호는 독립운동가들이 더욱 애착을 갖고 사용하는 용어가 됐다. 1910년대 독립운동단체나 국내의 비밀 민족운동단체 이름에는 '한', '대한'이 널리 사용됐다. 우리나라 국호에 대해 선구적 연구를 한 임대식 전 역사문제연구소 연구원은 이런 현상이 이들 단체의 지도자들이 대한제국 시기에 민족운동을 시작한 사람들이었고, 그들의 이념적 지향이 자강自强운동의 연장선상에 있었기 때문이라고 분석했다. 그들은 독립운동의 목표를 빼앗긴 국권國權을 되찾는 데 두었으며 따라서 국호 역시 조선으로의 강제적 변경을 부정하는 데 치중했다는 것이다.

이런 경향을 잘 보여주는 사례가 1914년 연해주와 서·북간도, 흑룡강 주변에 걸치는 지역으로 망명한 대한제국 시기의 애국계몽 운동가들과 항일의병들이 조직한 '대한광복군정부'大韓

光復軍政府이다. '대한의 광복을 주도할 군사정부'라는 의미를 가진 '대한광복군정부'의 모체는 1911년 5월 러시아 블라디보스토크에서 연해주 지역의 민족운동가들이 만든 권업회勸業會였다.[12] 1913년 광복군 사관을 양성하기 위해 대전학교大甸學校를 설립 운영하기 시작한 권업회는 1914년 러일전쟁 10주년을 맞아 러시아에서 반일 감정이 고조되자 연해주와 만주 일대에 흩어져 있는 무장독립운동단체들을 모아 독립전쟁을 위한 조직을 만들기로 했다.

이렇게 해서 출범한 대한광복군정부는 대통령에 이상설, 부통령에 이동휘를 선출했다. 그러나 1914년 8월 제1차 세계대전이 일어나자 일본과 공동방위 체제를 만든 러시아는 한국인의 반일 활동을 금지하면서 권업회를 해산했다. 이에 따라 대한광복군정부도 크게 타격을 받고 활동을 중단하고 말았다.

1910년대 중반에 이르면 '대한'의 변형이라고 할 수 있는 '신한'新韓이라는 이름이 나타난다. 앞서 살펴본 '대동단결선언'에도 "구한舊韓 최종의 일일一日은 즉 신한新韓 최초의 일일"이라는 표현이 나온다. 이는 이 무렵 '새로운 대한'에 대한 갈망이 본격화되고 있었음을 보여준다. 그중 가장 주목해야 할 것은 40~50대의 중진 독립운동가들이 중심이 돼 만든 '신한혁명당'과 20~30대 소장층을 중심으로 한 '신한청년당'이었다.

1915년 3월 상하이에서 발족한 신한혁명당을 주도한 사람들은 중국·만주·연해주에서 일찍부터 독립운동에 투신했던 이상설·유동열·박은식·성낙형成樂馨·신규식·이동휘·이춘일李春日 등이었다. 이들은 제1차 세계대전이 독일의 승리로 끝날 것으로 전망했으며 그럴 경우 영국·프랑스·러시아 편에 선 일본을 독일과 중국이 공격할 것으로 보고 그때가 한국이 독립할 절호의 기회라고 생각했다. 그리고 이 무렵이 되면 신한혁명당의 주도 세력은 이미 대부분 공화주의자로 변모했음에도 불구하고 독일과 중국이 제정帝政 체제인 점을 감안하여 고종을 상징적인 최고 지도자인 당수黨首로 추대했다. 신한혁명당은 고종의 위임을 받아 중국과 밀약을 맺고, 중·일 간에 전쟁이 발발하면 중국을 지원하기 위해 안봉선安奉線 철도를 파괴한다는 구상을 세웠다. 하지만 고종의 밀명을 받기 위해 국내에 파견된 밀사가 일제 경찰에 체포되고 중국의 위안스카이袁世凱가 일본의 21개조 요구에 굴복해 일본과 손을 잡음에 따라 이런 계획은 수포로 돌아갔고 신한혁명당의 활동도 중단됐다.

'신한청년당'은 1918년 8월 중국 진링대학金陵大學 영문과를 졸업하고 상하이 협화서국協和書局에 근무하던 여운형이 일본 와세다대학을 졸업하고 상하이에 들른 장덕수와 의기투합하여 김철·선우혁·한진교·조동우 등과 함께 결성했다. 신한청년당은 케말 파샤Kemal Pasha의 지도 아래 1908년 터키 혁명을 주도했던 청년 투르크 당을 모델로 했으며 소수정예주의의 조직 원칙을 고수하여 그 당원 수가 50명을 넘지 않았다. 신한청년당 당원 중에는 김규식·신석우·이광수·조소앙·김구·손정도·김병조金秉祚 등 우리 독립운동사에서 중요한 역할을 한 인사들이 다수 포함돼 있다.

독립운동을 이끌어갈 새로운 세대들로 구성된 신한청년당의 지향점은 그 기관지인《신한청년》창간호에 실린 '취지서'趣旨書에 잘 나타나 있다.

> 청년아, 단군의 혈손血孫인 청년아! … 대한大韓의 청년아 … 우리의 사업의 시초始初는 독립을 완성함에 있도다. 우리의 수천대代 조선祖先의 피로 지킨 국토와 자유를 회복하여 우리의 천만대 자손이 생활하고 우리의 위대한 영원한 이상이 실현될 기업基業을 정함이 우리의 사업의 시초로다. … 그러나 대한의 청년아, 독립의 완성이 우리의 목적의 전체라 말하지 말지어다. … 우리가 영구하고 명예로운 독립한 국가의 자유민인 행복을 향享하려 할진대 우리는 현대의 우리 민족을 근본적으로 개조하여 선善하고 정대正大하고 충실하고 정직하고 애국심 있고 박애심 있고 고달高達한 이상을 포부하는 신대한新大韓 민족을 성成하여야 하나니 …

이 글은 두 가지 점에서 주목된다. 그 하나는 '대한'의 청년에게 거듭 호소하는 형식을 빌리고 있는 점이다. 이는 당시 신한청년당 당원 또래의 젊은이들에게 '대한'이라는 국호가 자연스럽게 사용됐다는 사실을 말해준다.

다른 하나는 신한청년당의 목적이 독립에 그치는 것이 아니라 그 이후에 '새로운 대한'을 건설한다는 더 원대한 포부를 갖고 있었다는 점이다. 이는 신한청년당이 1918년 11월 하순~12월 말에 당헌黨憲과 강령을 문서화하고 조직을 체계화할 때 보다 분명해졌다. 이 강령은 "'대한국'大韓國 독립의 완성을 기도함. 사회 각항 제도를 개량하여 세계의 대세에 순응케 함. 세계대동주의의 실현에 노력함"으로 돼 있다. 상하이 임시정부의 기관지인 《독립신문》은 1920년 2월 신한청년당 제1회 정기총회를 보도하면서 그 당강黨綱이 대한독립, 사회개조, 세계대동大同이라고 지적했다. 또 신한청년당의 실질적 주역이었던 여운형은 훗날 1929년 상하이에서 일제에 체포돼 국내에 소환된 뒤 받은 심문 조서에서 "(신한청년당의 목적은) 조선 독립뿐만 아니라 다시 나아가서 풍속·문화·도덕 등을 새롭게 하기 위해 20세 이상 40세 이하의 자者를 입당시킬 것으로 하였다"고 말했다.

신용하 서울대 명예교수에 따르면 1919년 4월 만들어진 대한민국임시정부는 신민회 간부 출신인 40~50대들이 각 부서의 책임자인 총장급, 신한청년당 간부 출신인 20~30대가 실무를 담당하는 차장이나 위원급을 맡아 조직됐고, 입법부인 의정원에서는 신한청년당이 단일세력으로 가장 큰 영향력을 행사했다고 한다. 그리고 1920년대 중반 임시정부가 분열 위기에 직면했을 때는 신한청년당 출신들이 임시정부를 옹호하는 개조파의 중심세력으로 임시정부의 통일과 강화를 위해 노력했다는 것이다.

03

독립선언서와 단체에 나타난 '대한'

1919년 3·1운동을 전후하여 국내외에서 잇달아 발표된 독립선언서들에 나타난 국호도 '대한', '한국'이 많았다. 1919년 한 해 동안 모두 57개의 독립선언서가 발표된 것을 비롯, 1910년대에는 모두 61개의 독립선언서가 발표됐다. 김소진 박사의 《한국독립선언서연구》에 표로 정리된 1910년대 독립선언서들을 보면 특히 해외에서 발표된 독립선언서들은 대부분 '대한'이라는 국호를 사용하거나 독립선언을 발표한 단체의 이름에 '대한'이 들어 있다.

예를 들면 일제에 나라를 빼앗길 무렵인 1910년 8월 23일 블라디보스토크에서 유인석 등 8,624인이 발표한 '한국국민의회 선언서', 1912년 11월 미국에서 대한인 국민의회 각 지회 대표 12명이 발표한 '대한인국민회 중앙총회 결성 선포문', 1919년 3월 블라디보스토크와 훈춘琿春에서 대한국민의회가 발표한 '선언서', 1919년 4월 미국에서 '대한독립후원회'가 발표한 '선포문', 연해주에서 발표된 '대한독립여자선언서', 만주에서 '재在대륙대한독립단'이 발표한 '선언서', 1919년 7월 블라디보스토크에서 '대한국민노인동맹단'이 발표한 선언문, 1919년 11월 상하이에서 '대한승려연합회'가 발표한 '선언서' 등이 그것이다.

이들 독립선언서 중에서 역사적으로 중요한 '3대 독립선언서'로 꼽히는 것은 1919년 2월 1일 만주에서 독립운동가들이 발표한 '대한독립선언서', 2월 8일 일본 도쿄에서 재일유학생들이 발표한 '독립선언서', 3월 1일 서울에서 민족대표 33인의 이름으로 발표된 '독립선언서'이다.

그 발표 시점이 음력으로는 무오년戊午年인 1918년 11월이라고 해서 '무오戊午 독립선언서'라고도 불리는 대한독립선언서는 만주·러시아·미주 등 해외에서 독립운동을 벌이고 있던 민족운동가 39명의 이름으로 발표됐다. 김교헌金敎獻·신규식·박은식·안창호·김동삼·이시영·이동녕·신채호·유동열·김좌진金佐鎭·김규식·이승만 등 저명인사들이 서명한 대한독립선언서는 다음과 같이 시작한다.

> 아我 대한大韓 동족同族 남매와 온 세계 우방동포여, 아我 대한은 완전한 자주독립과 신성한 평등복리를 아 자손여민子孫黎民에 세세상전世世相傳키 위하여 자玆에 이족異族 전제專制의 학압虐壓을

해탈解脫하고 대한민주大韓民主의 자립自立을 선언하노라.

우리 대한은 예로부터 우리 대한의 대한이요, 이민족의 대한이 아니라. 반만년 역사와 내치內治 외교外交는 한왕한제韓王韓帝의 고유권이요 금수강산의 고산려수高山麗水는 한남한녀韓男韓女의 공유 재산이요 … 우리 대한의 털끝만 한 권리라도 이민족에게 양보할 의무가 없고 우리 대한의 한 자의 땅도 이민족이 점령할 권한이 없으며, 대한의 한 사람 백성이라도 이민족이 간섭할 조건이 없는 것이니 우리 대한은 완전한 한인의 대한이라.

대동단결선언을 기초했던 조소앙이 역시 골격을 잡은 것으로 알려진 무오 독립선언서는 당시 해외 독립운동가들 사이에서 '대한'이 우리 민족의 통칭이자 일본으로부터 독립한 뒤 새로 만들어질 나라의 국호로 아주 자연스럽게 통용되었음을 보여준다. 당시 우리나라 민족운동을 대표하던 해외 독립운동가들이 대거 참여하여 그들 사이의 공감대를 토대로 작성돼 발표된 대동단결선언과 무오 독립선언서는 국호와 대한민국의 법통法統이라는 측면에서 볼 때 매우 중요한 의미를 지닌다.

또 다른 두 개의 중요한 독립선언서인 '2·8 독립선언서'와 '기미己未 독립선언서'는 '조선'이라는 용어를 사용했다.

전全 조선 청년독립단青年獨立團은 우리 이천만 조선朝鮮 민족을

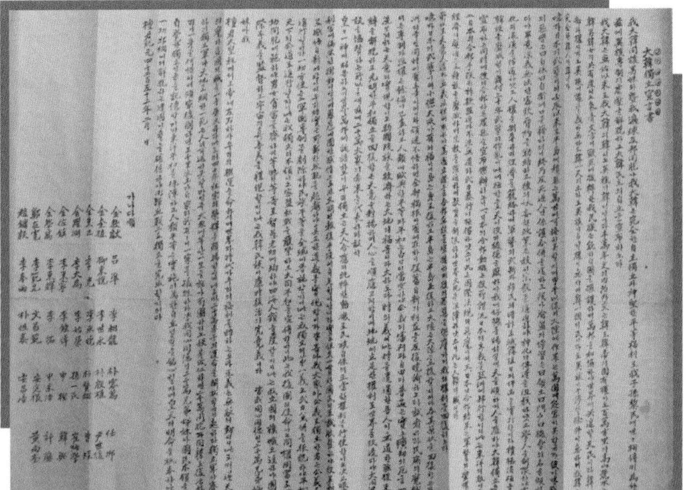
무오 독립선언서

대표하여 정의와 자유의 승리를 얻은 세계 만국萬國의 앞에 독립을 기성期成하기를 선언하노라. … 조선朝鮮은 항상 우리 민족의 조선이오, 한 번도 통일된 나라를 잃어버리고, 다른 민족의 실질적인 지배를 받은 일이 없도다.

2·8 독립선언서

우리들은 이에 우리 조선朝鮮이 독립국이고 조선인朝鮮人이 자주민임을 선언하노라. … 우리들의 조선 독립은 조선인으로 하여금 정당한 생영生榮을 이루게 하는 동시에 …

기미 독립선언서

이에 대해 임대식 전 역사문제연구소 연구원은 이들 두 개의 독립선언서가 일본의 통치권이 미치고 있던 지역에서 발표됐다는 점에 유의해야 한다고 지적했다. 즉, 일본이 정한 공식 명칭이 통용되는 상황에서는 그들의 지배를 받는 백성들의 귀에 익숙하고 식민 당국에게도 친숙한 '조선'이라는 명칭을 사용할 수밖에 없었다는 것이다.

3·1운동 이후 국내외에서 잇달아 임시정부들이 수립됐다. 그리고 이들 임시정부는 대부분 '대한'이라는 국호를 사용했다. 먼저 1919년 3월 17일 러시아 블라디보스토크에서 '대한국민의회'가 세워졌다. 이에 앞서 1917년 러시아에서 볼셰비키 혁명이 일어나자 블라디보스토크의 신한촌新韓村에 모인 한인韓人들은 '전로한족회중앙총회'全露韓族會中央總會를 결성했다. 그리고 뒤이어 제1차 세계대전이 끝나고 국제정세가 크게 변화하자 이에 대처하기 위해 대한국민의회로 개편한 것이다. 대한국민의회는 앞에서도 언급한 것처럼 의장에 문창범, 부의장에 김철훈을 선출하는 한편 별도로 행정부를 조직하여 대통령에 손병희, 부통령에 박영효, 국무총리에 이승만을 추대했다.

이어 중국 상하이에서 1919년 4월 10일 '대한민국임시정부'가, 서울에서 1919년 4월 23일 이른바 '한성정부'가 잇달아 수립됐다. 이들 세 개의 임시정부가 1919년 9월 통합하여 '대한민국임시정부'로 다시 출발한 것은 앞서 살펴본 바와 같다.

온 민족이 하나가 돼 일어났던 3·1운동 이후 한반도와 마주한 압록강과 두만강 건너 만주 지역에서는 일제에 대한 무장투쟁이 활성화됐다. 그리고 만주 각지에 속속 만들어진 항일 무장독립운동단체들은 대부분 '대한'이란 이름을 사용했다. 먼저 백두산 서쪽 압록강 건너편의 서간도 지역에서는 1919년 4월 15일 의병운동 계열의 독립군들이 '대한독립단'大韓獨立團을 조직했다. 강원도 의병장이었던 박장호朴長浩가 도총재都總裁, 평안도 의병장이었던 백삼규白三圭가 부총재를 맡았고, 만주와 함경·평안·황해도 일대에서 무장독립운동을 벌였다. 만주 장백현 지역에서는 1919년 5월 함경도 지역의 민족운동 세력이 '대한독립군비단'大韓獨立軍備團을 조직했다. 이들은 상하이 대한민국임시정부의 적극적인 후원 아래 함경도 북청·단천 등에 지단支團을 조직했고, 평안도와 함경도 일대에서 일본군을 상대로 군사작전을 전개하여 상당한 전과를 거두었다. 랴오닝성遼寧省 안둥현安東縣, 현재의 단둥에서는 1919년 11월 국내에서 3·1운동에 참가했다가 만주 지역으로 망명한 청년 지식인들이 '대한독립청년단'大韓獨立青年團을 조직했다. 이들은 안병찬을 총재로 추대하고 함석은咸錫殷이 단장을 맡아 상하이 대한민국임시정부에 독립자금을 조달하는 일과 기관지를 발행하여 만주 일대 동포들의 독립정신을 고취하는 활동을 벌였다. 대한독립청년단은 각지에서 청년단체들이 잇달아 만들어지자 1919년 12월 만주와 평안도·황해도 지역의 80여 개 청년단체들을 묶어서 '대한청년단연합회'로 확대 개편됐다. 이들은 대한민국임시정부를 지지할 것, 의용단을 조직하여 무장활동을 전개할 것, 일본인과 반역자를 처단할 것, 기관지를 발행하여 선전활동을 강화할 것 등을 목표로 하고 무장활동을 준비했다.

백두산 동쪽 두만강 건너편의 북간도에도 많은 무장독립운동단체들이 결성됐다. 그중에는 홍범도洪範圖가 이끌고 있던 '대한독립군'大韓獨立軍, 최진동崔振東 형제를 중심으로 했던 '대한군무독군부'大韓軍務督軍府, 안도현安图县의 '대한정의군정사'大韓正義軍政司, 연길현延吉縣의 '대한의민단'大韓義民團, 장백현長白縣의 '대한국민단'大韓國民團, 연길현의 '대한의용군사회'大韓義勇軍事會 등 명칭에 '대한'을 표방한 단체들이 많았다. 또 연해주에는 '대한독립군결사대'大韓獨立軍決死隊, '대한신민단'大韓新民團, '대한국민혈성단'大韓國民血誠團 '대한독립군' 등이 조직됐다. 독자적인 활동을 하던 여러 지역의 독립군 부대들이 1920년 12월 러시아와 만주의 국경지대에 모여 통합 조직한 독립군 연합부대의 이름도 '대한독립군단'大韓獨立軍團이었다.

이 중에서 만주 연길현을 중심으로 활동했던 '대한국민회군'大韓國民會軍의 이름이 바뀌는 과정은 국호와 관련된 당시의 분위기를 잘 보여준다. 연길현의 우리 동포들은 3·1운동 직후인

1919년 3월 13일 용정龍井에서 열린 '조선독립축하회'에서 '조선독립기성회'朝鮮獨立期成會를 결성했다. 하지만 이들은 상하이에서 대한민국임시정부가 설립되자 이를 추대하기로 했고, 단체의 이름을 국호에 맞추기 위해 '대한국민회'大韓國民會로 변경했다. 그리고 '대한국민회 규칙'에 "본회는 임시정부 법령 범위 내에서 독립사업을 기도함을 목적으로 한다"고 명시했다.

조선족 원로 역사학자인 박창욱 연변대학 명예교수는 "중국에서는 한·조선·고려가 어떻게 사용되었나"《역사비평》 21호, 1993년라는 논문에서 당시 만주 지역의 상황을 이렇게 설명했다.

> 중국조선족들이 '조선'이란 명칭을 쓰게 된 것은 19세기 중엽 전후부터였다. … 그들은 스스로 '조선사람'이라고 불렀고 또 청조淸朝의 지방관헌들도 '조선유민', '조선간민墾民', '조선난민'이라고 불러왔다.(중략)
>
> 1910년대 중엽부터 중국조선족 가운데서 쓰이던 이런 민족 칭호는 다소 변동을 가져왔는데, 그것은 조선 국내에서 반일운동을 진행하던 의병장들과 반일인사들이 동북東北으로 분분히 망명해오면서부터 조선족들에게 반일 민족독립사상을 선전하면서 '대한', '한국인'이라는 명칭을 사용하였기 때문이다. 특히 1919년 상하이에서 대한민국임시정부가 건립된 이후 조선족지구의 수많은 반일단체들은 단체 명칭에 '대한'이라는 국호를 달

게 됐다. … 상술한 단체의 지도자들 대부분은 지난날 '대한제국'의 관료·군인 출신이거나 '대한'과 밀접한 연계가 있는 양반·선비들이었다.

즉, 조선왕조의 국호를 따라 '조선', '조선인'으로 불리던 만주 지역의 우리 동포들은 1910년대 들어 대한제국 시기에 관료·군인이었거나 민족운동을 하던 사람들이 대거 이 지역으로 건너와 일제에 항거하는 독립운동을 벌이면서 이들을 따라 '대한', '한국인'이라는 용어를 자연스럽게 사용하게 됐다는 것이다. 박창욱 연변대학 명예교수의 서술은 이런 분위기를 '대한제국'에 향수를 가진 구舊세력이 주도한 듯한 인상을 주지만, 당시 '대한'이라는 명칭을 주도한 것은 오히려 '대한제국'을 넘어서 '대한민국'으로 나아가려는 새로운 공화주의 민족운동 세력이었음은 앞에서 살펴본 바와 같다. 이는 이들 독립운동단체들이 '대한민국임시정부'가 수립되자 급속히 그 영향력 아래 결집하는 모습에서도 확인할 수 있다.

04

'대한', '조선'의 도전에 직면하다

이제까지 살펴본 것과 같이 1897년 '대한제국' 선포로 우리나라의 국호가 된 '대한'은 애국계몽운동 시기와 1910년 국권 상실 이후 독립운동 시기를 거치면서 많은 사람들의 머릿속에 자연스럽게 국호로 자리잡아갔다. 특히 1919년 대표적인 독립운동 세력들이 통합해서 '대한민국임시정부'가 만들어지면서 '대한민국'은 장차 독립 이후의 국호로 정착됐다. 이에 따라 많은 독립운동단체들과 독립군 부대들의 명칭도 '대한'을 사용하게 됐다.

그러나 이처럼 확고하게 정착되는 것 같았던 '대한'이란 국호는 1920년대에 들어서면서 도전에 직면하게 됐다. 그 계기는 몇 가지로 요약할 수 있다. 첫 번째는 이 무렵 새롭게 독립운동이나 사회운동에 뛰어든 젊은 세대들이 대거 등장한 것이었다. '대한제국' 시기의 민족운동에 대한 아무런 기억과 향수를 갖고 있지 않았던 이들은 '대한'이란 국호에 집착할 이유가 없었다. 디구나 이들 중 상당수는 근대국가 건설 전략으로 자본주의적 발전을 지향하는 부르주아 민족주의 노선을 추구하고 있었던 '대한' 세대들과 달리 1917년 러시아의 볼셰비키 혁명 이후 세계사에 새로운 지도이념으로 떠오른 혁명적 사회주의 노선을 지향했다. 두 번째는 '대한민국임시정부'의 위상이 독립운동 노선과 조직을 둘러싼 독립운동 세력들의 갈등으로 흔들리게 된 것이었다. 국내외의 독립운동을 이끌어갈 것으로 기대를 모았던 '대한민국임시정부'의 지도력이 크게 약화되면서 '대한'이란 국호의 위력도 자연스럽게 떨어질 수밖에 없었다.

'대한'이란 국호가 처음 도전에 부딪친 것은 1923년 1월 대한민국임시정부가 안고 있는 여러 가지 문제들을 해결하기 위해 상하이에서 열린 국민대표회의에서였다. 국내, 만주, 상하이와 베이징北京, 연해주, 미주 등지에서 온 120여 개의 독립운동단체 대표들이 참석한 이 회의는 회의 벽두부터 대한민국임시정부를 해체하고 새로운 정부를 조직해야 된다는 '창조파'와 대한민국임시정부를 개편·보완하여야 한다는 '개조파', 그리고 현재의 대한민국임시정부를 그대로 유지하여야 한다는 '임정옹호파'가 대립하여 난항을 거듭하였다. 창조파에는 주로 베이징·연해주 지역의 독립운동가들과 이르쿠츠크Irkutsk파 전로全露공산당 등이 속해 있었고, 신채호·윤해尹海·신숙申肅 등이 대표적인 인물이었다. 개조파에는 주로 상하이·만주 지역의 독립운동가들과 상하이파 고려高麗공산당 등이 속해 있었고, 안창호·김동삼·여운형 등이 대표적인 인물이었다. '임정옹호파'는 이승만·김구·이시영 등이 중심인물로, 주로 미주 독립운동단체들의 지원을 받고 있었다.

국민대표회의에서 창조파와 개조파가 첨예하게 대립을 계속하자 안창호와 김동삼 등 개조파 인사들은 사임하거나 회의에 불참해서 국민대표회의는 사실상 결렬됐다. 이런 상황에서 창조파는 1923년 6월 7일 독자적으로 회의를 개최하여 새로운 정부를 구성하기 위한 헌법안을 통과시켰다. 그런데 이 헌법에는 새 정부의 국호가 '조선공화국'으로 돼 있었다. 이들은 이어 국무위원제를 채택하여 내무 신숙, 외무 김규식, 재무 윤덕보尹德甫, 법제경제 김응섭金應燮, 군무 이청천 등을 선출했다.

창조파가 새 정부를 세우면서 어떤 논리를 내세워 국호를 '조선공화국'으로 정했는지에 대해서는 기록이 남아 있지 않다. 하지만 이런 국호 변경에 대한 비판과 반발은 거셌다. 개조파는 "임시정부는 독립운동의 결정結晶인데 다수가 주장하는 개조안을 무시하고 (소수파가) 국호를 따로 정하고 새 국가를 만든 것을 성토한다"는 성명서를 발표했다. 또 대한민국임시정부 내무총장으로 임정옹호파의 중심인물이었던 김구는 "대한민국이라는 국호와 헌법이 있는데도 다시 국호와 헌법을 제정하는 것은 반역 행위”라고 규정하며 국민대표회의의 활동을 정지시키는 포고령을 발표했다.

창조파가 구성한 ‘조선공화국’ 지휘부는 1923년 8월 소련의 지원을 받아 활동을 계속할 생각으로 상하이를 떠나 블라디보스토크로 향했다. 그러나 소련은 창조파가 단독으로 만든 ‘조선공화국’을 인정하길 꺼렸고, 또 당시 일본과 한창 진행되던 협상에 부정적 영향을 줄 것을 우려하여 이들을 추방했다. 결국 ‘조선공화국’은 그 수뇌부가 베이징으로 돌아온 뒤 각지로 뿔뿔이 흩어짐으로써 유야무야되고 말았다.

‘조선공화국’이 해프닝으로 끝남에 따라 ‘대한민국임시정부’는 해체의 위기를 넘기고 다시 활동을 계속할 수 있었다. 하지만 예전과 같이 유일한 독립운동 지도기구로서의 확고한 위상을 회복하지는 못했다. 1925년 이승만 대통령을 탄핵한 뒤 잇단 헌법 개정과 지도체제 변경, 수뇌부 교체로 국내외 독립운동을 실질적으로 이끌지는 못했던 것이다. 이에 따라 ‘대한’이란 국호의 독점적 위상도 흔들릴 수밖에 없었다.

이런 상황에서 1920년대 중반 국내에서 일어났던 ‘조선공산당’ 창립과 ‘신간회’ 발족 등 두 개의 중요한 정치·사회운동은 당시 국호와 관련된 독립운동 세력의 변화하는 인식과 관련해서 주목할 필요가 있다.

1925년 4월 17일 낮, 서울 도심 황금정黃金町, 현재의 을지로에 있는 중국음식점 아서원雅敍苑 2층에 10여 명의 젊은이들이 모여들었다. 김재봉金在鳳·김찬金燦·김약수金若水·조봉암·조동우 등 공산주의 운동을 하던 청년들이 자리를 함께한 이날 모임은 전 세계의 공산주의 혁명운동을 지도하던 코민테른Comintern, 공산주의 인터내셔널의 지시에 따라 우리나라에도 공산당을 결성하기 위한 것이었다. 먼저 사회를 맡은 김약수가 인사말을 했다.

조선에 있어서의 사상단체의 운동을 그 역사로 볼 때에는 아직 근근 몇 년에 미달하지만 그 양에 있어서는 대단히 많아졌다. 그렇지만 아직도 하등의 질서적 운동방침 등도 없으므로 보다 나은 방법을 모색하려고 제군諸君의 집회를 바란 것이다. 또한 국외에 산재하는 소위 주의자主義者로 칭하는 동포는 항상 우리를 매물賣物로 삼고 있는 현황에 감鑑하여 이에 대한 대항책도 아울러 협의를 원하는 바이다.

이어 이날 집회에서 공산당의 책임비서로 선임되는 김재봉이 일어섰다.

조선 내에 있어서의 사상운동은 세세년년歲歲年年 복잡을 더하여 왔으므로 이를 유도하는 결사를 조직하지 아니치 못할 것이다. 그리하여 전 조선에 일어나는 표현사상 단체를 인도하려고 이번에 제군의 집회를 바라게 된 것이다.

김준엽·김창순, 《한국공산주의운동사》 제2권, 289~290쪽에서 재인용

참석자들은 이 자리에서 결성되는 전위당前衛黨의 명칭에 대해 논의를 시작했고, 김찬의 제의에 따라 '조선공산당'으로 결정했다. 조선공산당 창립에 관여했던 사람들의 증언에 따르면 사전 준비 모임에서 집중적으로 검토된 명칭은 '조선공산당'과 '고려공산당'이었다고 한다. '고려'高麗는 유럽 각국은 물론 중국에서도 우리나라를 가리키는 용어로 널리 알려져 있는 점이 강점이었다. 그러나 1921년 해외에서 먼저 결성된 고려공산당이 상하이파와 이르쿠츠크파의 갈등으로 오점을 남긴 것이 문제로 지적됐다. 이들과의 혼동을 피하고 그들의 전철을 밟지 않기 위해서 '고려'란 이름은 피해야 한다는 주장이 받아들여져 결국 '조선공산당'으로 당명黨名이 결정됐다는 것이다.

'조선공산당'이 결성된 다음날인 4월 18일 박헌영의 집에 조봉암·임원근林元根·김단야金丹冶·김찬 등 20여 명이 모여 공산주의 청년조직인 '고려공산청년회'를 조직하고 박헌영이 책임비서를 맡았다. 이처럼 독립운동과 사회운동에 새로 합류한 젊은 공산주의자들이 만드는 단체나 조직의 이름에서는 '대한'이란 단어를 찾아볼 수 없었다.

이와 대비되는 것이 1927년 2월 안재홍·이상재·백관수·신

석우·유억겸兪億兼·권동진 등 국내의 저명한 민족주의자 34명을 발기인으로 출범한 신간회였다. 비타협적 민족주의자들이 주도하여 사회주의자들과 함께 만든 이 민족운동단체가 원래 채택하려던 이름은 '신한회'였다고 한다.

당시 《조선일보》 영업국장으로 신간회 창립의 실무에 깊이 관여했고 창립대회에서 선전부 총무간사로 선임된 이승복李昇馥은 《삼천백일홍三千百日紅 – 평주 이승복 선생 팔순기》에서 신간회의 명칭에 대해 이렇게 회고했다.

> 신사상연구회라는 것이 정우회, 화요회로 발전되어 결국 신간회가 되는데 벽초홍명희가 정주 오산학교 교장에 부임해 가면서 내게 부탁하기를 "내 아들 기문起文이와 함께 강령 작성을 비롯한 신간회의 모든 조직을 해놓게" 하더군. 체코와 애란愛蘭 등지의 독립운동 취지를 참고하여 3대 강령이 정해졌습니다. 처음엔 '신한회'新韓會라는 이름으로 했다가 당국과 절충이 잘 안 돼 벽초가 지은 '신간회'新幹會가 됐죠.

또 당시 연희전문 교수로 신간회의 창립위원과 재정부 총무간사를 역임했던 조병옥趙炳玉은 자서전인 《나의 회고록》에 이렇게 기록하였다.

원래 신간회新幹會는 그 명칭을 '신한회'新韓會라고 정할 작정이었으나 '신한'新韓이라는 글자를 노골적으로 표현해서 명칭을 붙이게 된다면 일제의 탄압이 심할 것은 물론이려니와 해산 명령까지 내릴 염려가 있었으므로 새로운新 한국은 새 줄기幹 또는 새 뿌리를 길러야만 된다고 생각해서 신간회新幹會라고 이름을 짓게 된 것이었다.

신간회의 창립 주역이었던 이들의 증언은 일제강점기에 국내의 부르주아 민족주의자들 역시 해외의 민족주의 독립운동가들과 마찬가지로 '한'이란 명칭에 큰 애착을 갖고 있었음을 보여준다.

05

'한'과 '조선'의 대립과 각축

국호를 둘러싼 '한'과 '조선'의 대립은 1920년대 이후 좌·우파 독립운동 세력이 치열한 각축을 벌였던 중국에서 보다 분명하게 드러났다. 우파 독립운동 세력의 결집체였던 대한민국임시정부와 관련이 있었던 '한국독립당', '신한독립당', '한인애국단', '한국국민당' 등과 이들 우파 독립운동 세력들의 연합체인 '한국광복운동단체연합회', '한국광복진선', '한국광복군' 등은 모두 정당이나 단체명에 '한'이란 용어를 사용했다. 이에 비해 사회주의나 무정부주의 성향이 강했던 '조선의열단', '조선민족전선연맹', '조선의용대', '조선의용군', '화북조선청년연합회', '화북조선독립동맹' 등은 모두 '조선'이란 용어를 사용했다. 즉, '우파 = 대한 · 한', '좌파 = 조선'이란 뚜렷한 도식이 만들어진 것이었다.

'한국독립당'韓國獨立黨은 1930년 이동녕 · 김구 · 안창호 · 조소앙 등이 만들었다. 한국독립당은 뒤에 살펴보는 것처럼 1935년 조소앙 그룹의 주도로 김원봉金元鳳이 이끄는 조선의열단 등과 함께 '민족혁명당'을 결성했지만, 김원봉 그룹이 민족혁명당을 전횡하자 조소앙 그룹은 떨어져 나와 한국독립당을 재건했다. 한편 김구·이동녕·이시영 등 민족혁명당 참가를 거부한 그룹은 1935년 11월 순수한 우파 민족주의 정당으로 '한국국민당'을 만들었다. 그리고 조소앙이 재건한 한국독립당, 김구가 주도하는 한국국민당, 지청천池青天이 이끄는 조선혁명당은 1940년 5월 통합하여 '한국독립당'을 만들었다. 중국에서 활동하는 우파 민족주의 독립운동세력의 통합체였던 한국독립당은 이후 충칭에 정착한 대한민국임시정부의 여당 역할을 했다.

'한인애국단'韓人愛國團은 1931년 대한민국임시정부의 국무령이자 한국독립당의 실질적인 지도자였던 김구가 조직한 대일직접투쟁단체였다. 한인애국단은 단원 이봉창李奉昌이 1932년 1월 도쿄 사쿠라다桜田문 앞에서 일왕日王에게 폭탄을 투척한 데 이어, 같은 해 4월에는 단원 윤봉길尹奉吉이 상하이 홍커우虹口공원에서 열린 천장절天長節 축하식장에서 폭탄을 던져 일본 고위 군인과 외교관 등을 살상하는 등 활발한 활동을 벌였다. 이로써 한인들에 대한 중국인들의 감정이 크게 호전됐고, 대한민국임시정부는 중국 국민당 정부의 적극적인 지원을 받게 됐다.

대한민국임시정부가 1940년 9월 충칭에서 창설한 군대의 명

대한민국임시정부가 창설한 한국광복군

칭은 '한국광복군'韓國光復軍이었다. 총사령 지청천과 참모장 이범석李範奭이 이끄는 한국광복군은 4개 지대로 구성됐으며, 중국 각지의 한인 청년들을 대상으로 모병 활동을 벌였다. 한국광복군은 1941년 12월 태평양전쟁의 발발 이후 미국 등의 지원으로 국내 진공작전을 계획하는 등 활동을 크게 강화했다.

한편 '조선'을 명칭에 붙인 독립운동단체의 선구자라고 할 수 있는 '조선의열단'朝鮮義烈團은 1919년 11월 만주 지린성吉林省에서 황상규黃尙奎·김원봉 등에 의해 조직됐다. 당시의 독립운동 방식이 너무 미온적이라고 보고 암살과 테러, 파괴 등 보다 직접적인 독립운동 방략을 채택한 의열단은 창립 직후부터 국내·일본·중국 등에서 폭탄 투척과 일제 요인 암살 시도 등 행동에 들어갔다. 의열단의 의뢰를 받은 신채호가 그 정신과 강령을 체계화하여 1923년 1월 발표한 것이 유명한《조선혁명선언》朝鮮革命宣言이다.[13]

의열단은 1926년 무렵부터 당시 국내외의 독립운동 세력 내에서 퍼져가던 사회주의 사상을 받아들이기 시작했다. 1928년 11월 조선의열단 중앙집행위원회가 발표한 '창단 9주년 기념 성명'은 사회주의 독립운동단체로 변모한 의열단의 모습을 분명히 보여준다. 이 성명서는 노농勞農대중에 기초한 혁명운동에서 공산주의자들이 지도적인 역할을 수행해야 하고, 전 세계 모든 혁명에서 소련이 우군友軍으로 존재한다고 주장함으로써 의열단이 이념적으로 현저하게 좌경화하고 있음을 말해주었다.

조선의열단은 1935년 한국독립당, 신한독립당, 조선혁명당, 대한독립당과 연합하여 '민족혁명당'民族革命黨을 만들었다. 그런데 이 과정에서 통합정당의 이름을 둘러싸고 날카로운 대립이 발생했다. 그리고 이는 훗날 독립된 조국의 국호를 놓고 벌어지게 될 충돌을 예고하고 있었다. 당시의 상황에 대해 일제 당국이 만든 한 자료는 이렇게 전하고 있다.

> 당黨의 명칭에 대해서는 당초 (조선)의열단과 조선혁명당은 '조선민족혁명당'을 주장하고, 한국독립당·대한독립당·신한독립

당은 '한국민족혁명당'을 고집했다. '조선'과 '한국'의 두 종류 명사가 서로 대치하여 며칠 동안 논쟁을 반복하다가 결국 절충을 채택했다. 중국 관민官民에 대해서는 '한국민족혁명당'으로 하고, 국내 민중에 대해서는 '조선민족혁명당'이라고 하며, 그 밖의 해외 여러 나라에 대해서는 'Korean revolutionary association'으로 호칭하는 것으로 하는 한편, 자기 정당 내에서는 단순히 '민족혁명당'으로 약칭하는 것으로 결정한 것이었다.

조선총독부 경무국 보안과, 《고등경찰보》 제5호, 83쪽

통합정당의 명칭을 놓고 '대한'과 '조선'의 견해 차이를 끝까지 좁히지 못하고 결국 각 지역의 사람에게 친숙한 명칭을 사용하는 한편 내부적으로는 어느 것도 붙이지 않는 타협책을 마련한 것이었다. 하지만 민족혁명당 내에서는 출범 직후부터 참여 세력들 간에 극심한 헤게모니 쟁탈전이 시작됐고, 결국 한국독립당·신한독립당·조선혁명당 세력이 떨어져나갔다. 김원봉이 이끄는 조선의열단 중심으로 재편된 민족혁명당은 1937년 자신들이 원래 주장했던 대로 '조선민족혁명당'朝鮮民族革命黨으로 이름을 바꾸었다.

좌파 독립운동단체로서의 성격을 분명히 한 조선민족혁명당은 1937년 12월 중국 난징南京에서 조선민족해방자동맹, 조선혁명자연맹, 조선청년전위동맹 등과 함께 좌파 사회주의 계열

의 항일민족연합전선인 '조선민족전선연맹'朝鮮民族戰線聯盟을 결성했다. 그리고 1938년 10월 조선민족전선연맹 산하의 군사조직으로 출범한 것이 '조선의용대'朝鮮義勇隊였다.

중국공산당의 지원 아래 항일운동을 벌이고 있던 중국의 한인 공산주의자들은 1941년 1월 '화북조선청년연합회'華北朝鮮青年聯合會를 결성했고, 이 조직은 1942년 7월 '조선독립동맹'朝鮮獨立同盟으로 발전했다. 김두봉을 위원장, 최창익崔昌益과 한빈韓斌을 부위원장으로 하는 조선독립동맹은 중국공산당과 함께 연안으로 후퇴했다가 일본 패망 이후 북한지역으로 귀국했고, 1946년 3월 '조선신민당'朝鮮新民黨으로 이름을 바꾸었다.

김원봉이 이끄는 조선의용대 본부는 1942년 5월 대한민국임시정부 산하의 한국광복군 제1지대로 편입했다. 하지만 1941년 7월 결성된 조선의용대 화북지대는 이를 따르지 않고 '조선의용군'朝鮮義勇軍으로 개편됐다. 중국공산당 휘하의 팔로군八路軍 포병부대 단장이던 무정武亭을 사령관으로 맞은 조선의용군은 조선독립동맹 산하의 당군黨軍이 됐고, 중국공산당과 함께 연안으로 이동하여 항일전쟁을 함께 벌였다.

이처럼 중국에서 활동한 사회주의 내지 공산주의 정치단체나 군사조직들도 국내의 좌파 사회운동가들과 마찬가지로 거의 예외 없이 '조선'이라는 명칭을 사용했다. 왜 사회주의자들은 봉건적이고 사대적인 인상이 물씬 풍기는 '조선'이라는 명칭을

중국공산당과 함께 항일전쟁을 벌인 조선의용군

사용했을까. 이에 대해서 아직 본격적인 분석은 없다. 다만 몇몇 연구자들이 다양한 해석과 가설을 제시하고 있다.

임대식 전 역사문제연구소 연구원은 그 이유로 세 가지를 꼽았다. 첫째는 민족주의자들이 '대한'이라는 용어를 선점했기 때문이라는 것이다. 사회주의자들은 민족주의자들과 경쟁해야 했고 이를 위해서는 그들과 차별화해야 했기 때문에 민족주의자들이 먼저 사용하는 '대한'이란 용어를 채택할 수 없었다는 것이다. 둘째는 민족주의자들보다 나이가 어린 사회주의자들은 대한제국과 직접 관련이 없었고 따라서 애착도 없었으며, 혁명을 추구했던 그들은 구시대의 계승보다는 단절을 원했다는 것이다. 셋째는 '대중 지향'의 원칙을 강조했던 사회주의자들이 식민지 조선의 대중에게 익숙한 '조선'이라는 용어를 사용했을 수 있다는 것이다.

박창욱 연변대학 명예교수는 1920년대 들어 중국 조선족들에게 마르크스주의가 전파되면서 새로 만들어지는 민중혁명단체들이 '조선'이라는 명칭을 사용하게 된 이유를 두 가지로 분석하고 있다. 첫째는 노농勞農 민중을 기초로 하는 반제반봉건反帝反封建 민족민주 혁명과 사회주의 혁명을 주장한 이들은 민중에게 통용되는 '조선'이라는 명칭을 채택하여 그들이 혁명사상을 쉽게 받아들이게 하고자 했다는 것이다. 둘째는 봉건전제 제도나 자산계급 혁명과 관련이 있는 것으로 이해되는 '대한', '한국'과 구별되는 민족 명칭이 필요했기 때문이라는 것이다. 이는 임대식 전 역사문제연구소 연구원의 분석과 큰 틀을 같이 하는 분석이다.

'한'을 '조선'으로 개작한 조국광복회선언문

1930년대 중국지역의 독립운동 전선에서 '한'과 '조선'의 대립과 관련하여 또 하나 흥미로운 사례는 1936년 6월 만주에서 한인 사회주의자들이 반제反帝 민족통일운동전선 단체로 조직한 '재만한인조국광복회'在滿韓人祖國光復會, 약칭 조국광복회이다. 1935년 7월 모스크바에서 열린 코민테른 제7차 대회는 세계 공산주의

혁명운동의 새로운 전략으로 '반反 파시즘 인민전선' 노선을 채택했다. 이는 파시즘과 전쟁에 반대하는 국민의 여러 계층과 그들을 대표하는 정당과 당파들이 공동강령을 정하고 정치적 연합전선을 결성해서 공동행동을 전개해야 한다는 것이었다. 중국공산당은 이 노선의 연장선에서 동북東北인민혁명군을 한인 사회주의자들과 그 군사조직도 참여하는 동북항일연군東北抗日聯軍으로 개편하고 간도지역에 반일反日 통일전선당을 조직하기로 결정했다. 이를 바탕으로 만주 일대 한인들의 민족통일전선체로 만들어진 것이 재만한인조국광복회였다.

조국광복회 결성을 주도하고 창립 선언과 강령에 서명한 사람은 오성륜吳成崙, 엄수명嚴洙明, 이상준李相俊이었다. 이 중에서 가장 유명한 인물은 오성륜이었다. 전광全光이라는 중국 이름으로도 널리 알려진 그는 3·1운동 후 상하이로 가서 의열단에 참가했고, 1922년 일본 육군대장 다나카 기이치田中義一를 암살하려다 실패하고 투옥됐다가 탈옥했다. 유럽과 소련을 거쳐 만주로 가서 동북항일연군에 가담한 오성륜은 코민테른이 파견한 중국인 웨이정민魏拯民 밑에서 조국광복회 결성과 지부 조직을 주도했다.

1936년 6월 10일 발표된 '재만한인조국광복회 10대 강령'은 당시 일본 당국의 자료에 따르면 다음과 같다.

1. 한국의 민족 단체와 개인을 구별하지 않고, 국내외를 논하지 않고 일제히 단결하여 강도 왜노倭奴와의 강력한 투쟁에 의해 조국의 독립과 해방을 달성할 것.
2. 왜노倭奴의 식민지 통치하에 있어 선전하는 위만僞瞞적 자치를 굳게 반대하고 중한中韓민족의 긴밀한 연합으로써 공동의 적인 일본의 통치를 타도하여 재만한인在滿韓人의 진정한 자치를 실행할 것.
3. 왜노와 중한주구中韓走狗의 재산 및 무장을 탈취하여 재만한인의 자치와 조국의 광복을 위해 끝까지 결전할 각종 무장대를 조직할 것.
4. 왜노와 중한주구의 모든 재산토지 포함을 몰수하여 반일反日 경비에 사용하고 일부분으로 대한인大韓人 실업자를 구제할 것.
5. 일체의 가렴잡세苛斂雜稅를 폐지하고 왜노의 경제독점 정책에 반대하여 공농工農사업을 발전하여 공농병工農兵, 청년, 부녀 및 일체의 노농군중의 실제생활을 개량할 것.
6. 언론, 집회, 결사 및 각종 반일 투쟁의 자유를 실행할 것.
7. 왜노의 식민지 노예교육에 반대하여 면비 교육을 실행하고 민족문화 고양을 위해 특별평민학교를 설치할 것.
8. 왜노의 한인韓人에 대한 일체의 병역 의무 제도를 폐지하고 반反혁명적, 반反소련·중국 혁명 진공進攻 등의 전쟁 참가를 반대할 것.

9. 일본의 모든 법령, 체포, 구금, 도살 등의 백색 공포 정책에 반대하고 모든 정치범인을 석방할 것.
10. 한국 민족에 대해 평등 대우를 하는 민족과 친밀히 연합하고 동시에 한국 독립운동에 대해 선의의 중립을 지키는 국가 민족과 우의적 관계를 유지할 것.

조선총독부고등법원검사국사상부, 《사상휘보》(思想彙報) 제14호, 62쪽

그런데 북한에서 현재 통용되는 '조국광복회 10대 강령'은 이것과는 매우 다르다. 이는 북한이 조국광복회가 김일성의 주도로 만들어졌다고 주장하는 것과 밀접한 관련이 있다. 북한은 당시 만주에서 항일 빨치산 활동을 벌이고 있던 김일성이 1936년 3월 조국광복회 창건 준비위원회를 조직하고 창립선언과 강령, 규약 등을 직접 작성해 5월 5일 발표했다고 주장한다. 그리고 이 창립선언문과 강령 등을 만주 일대에 유포시켰고, 각 지역에서 이를 토대로 한 선언문들이 나왔다는 것이다. 그러나 이런 설명은 당시 사료들에 의해 뒷받침되지 못하는 북한 정권의 일방적 주장에 지나지 않는다. 학문적 연구들은 북한 정권이 자신들의 역사적-정치적 정당성을 위해 원본을 개작한 것으로 본다.

특히 '조국광복회 10대 강령'은 광복 후 만들어진 북한 헌법의 모태가 된 것으로 선전되고 있어 북한 정권이 매우 중시하는 역사적 문서다. 북한이 1978년 처음 인쇄하여 세상에 내놓

은 '조국광복회 10대 강령'은 다음과 같다.

1. 조선민족의 총동원으로 광범한 반일反日 통일전선을 실현함으로써 강도 일본 제국주의의 통치를 전복하고 진정한 조선 인민정부를 수립할 것.
2. 재만 조선인들은 조중민족朝中民族의 친밀한 연합으로써 일본 및 그 주구走狗 만주국을 전복하고, 중국 영토 내에 거주하는 조선인의 진정한 자치를 실행할 것.
3. 일본 군대, 헌병, 경찰 및 그 주구의 무장을 해제하고 조선의 독립을 위하여 진정하게 싸울 수 있는 혁명군대를 조직할 것.
4. 일본 국가 및 일본인 소유의 모든 기업소, 철도, 은행, 선박, 농장, 수리水利기관과 매국적 친일분자의 전체 재산과 토지를 몰수하여 독립운동의 경비에 충당하며 일부분으로는 빈곤한 인민을 구제할 것.
5. 일본 및 그 주구들의 인민에 대한 채권, 각종 세금, 전매 제도를 취소하고 대중생활을 개선하며 민족적 공·농·상업을 장애 없이 발전시킬 것.
6. 언론, 출판, 집회, 결사의 자유를 전취戰取하고 왜놈의 공포정책 실현과 봉건사상 장려를 반대하며 일체 정치범을 석방할 것.
7. 양반, 상민 기타 불평등을 배제하고 남녀, 민족, 종교 등 차

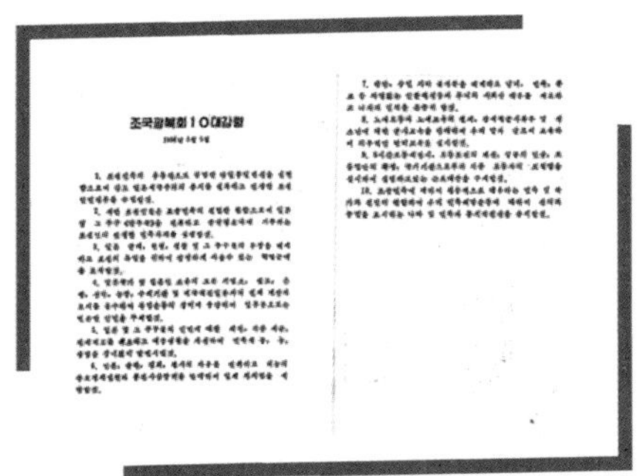

조국광복회10대강령

북한이 주장하는 '조국광복회 10대 강령'

별 없는 인륜적 평등과 부녀의 사회상 대우를 제고하고 여자의 인격을 존중할 것.

8. 노예노동과 노예교육의 철폐, 강제적 군사복무 및 청소년에 대한 군사교육을 반대하여 우리말과 글로써 교육하며 의무적인 면비교육을 실시할 것.

9. 8시간 노동제 실시, 노동조건의 개선, 임금의 인상, 노동법안의 확정, 국가기관으로부터 각종 노동자의 보험법을 실시하며, 실업하고 있는 근로대중을 구제할 것.

10. 조선민족에 대하여 평등적으로 대우하는 민족 및 국가와 친밀히 연합하며 우리 민족해방운동에 대하여 선의와 중립을 표시하는 나라 및 민족과 동지적 친선을 유지할 것.

《김일성저작집》 제1권, 127~128쪽

이 같은 개작은 '재만한인조국광복회'가 '재만한인조국광복회 10대 강령'과 함께 발표한 '재만한인조국광복회창립선언'에 대해서도 이루어졌다. '재만한인조국광복회창립선언'의 원문은 다음과 같다.

재만한인在滿韓人의 진실한 자치와 한국韓國의 자유독립 재건을 위해 싸우자! 국내·국외에 사는 프롤레타리아 계급의 형제자매 동포들이여…

1. 전 민족의 계급, 성별, 지위, 당파, 연령, 종교 등 차별을 불문하고 백의동포는 반드시 일치단결 궐기하여 구적仇敵인 왜놈들과 싸워 조국을 광복시킬 것. 우리 백의동포 2,300만은 모두 강도 왜놈들의 민족적 압박, 착취, 학대를 입어 망국노의 생활을 계속하고 있다. 따라서 한국 민족독립의 책임은 일반 한인을 망라하여 전부가 이 책임을 져야 하는 것이다.…
2. 재만한인의 진실한 자치 조국광복을 완수하기 위해 싸울 군대를 조직할 것.…
3. 재만한인의 진정한 자치의 실현을 기하기 위해 싸울 것. 한국 독립의 완성은 우리의 기본임무이다. 그러나 재만한인은 우선 자기의 진정한 자치의 실현을 주장한다.…
6. 재만한인의 진정한 자치와 조국 광복운동에 관해 찬성 동정

하는 국가 민족과 친밀히 연락을 보지하여 구적 일본 강도에 향해 공동전선에 나설 것.…

백의동포 민족해방을 목표로 하여 싸우자.
재만한인의 진실한 자치를 목표로 하여 투쟁하자.
대한국大韓國 민족 해방독립 승리 만세.

조선총독부고등법원검사국사상부, 《사상휘보》(思想彙報) 제14호, 60~63쪽

그런데 북한이 간행한 《김일성저작집》에 실려 있는 '조국광복회창립선언'은 다음과 같다.

국내 국외의 동포형제자매들!
반만년의 유구한 역사를 가진 우리 2천만 백의동포가 사랑하는 조국강토를 원쑤 일본제국주의자들에게 강탈당한 지도 어언간 26년이 되었다.…

1. 전 조선민족은 계급, 성별, 지위, 당파, 연령, 종교의 차이를 불문하고 일치단결하여 원쑤 일본제국주의 침략자들과 싸워 조국을 광복하고 진정한 조선인민정부를 수립할 것이다. 우리 2천만 조선민족은 강도 일제의 식민지 통치 밑에서 형언할 수 없는 민족적 압박과 학대, 가혹한 착취를 당하면서 망

국노의 생활을 하고 있다. 조선민족의 해방 위업은 모든 조선사람 앞에 나서고 있는 지상의 과업이다.…

2. 재만 조선인은 중국인들과 친밀히 연합하여 일본제국주의의 침략기구와 그 주구 '만주국'을 전복하고 중국 영토 내에 거주하는 조선인의 진정한 민족적 자치를 실현하기 위하여 싸울 것이다.…

3. … 우리는 조선인민혁명군을 더욱 강화하여 이르는 곳마다에서 혁명적인 군중들로 각종 무장대를 조직하고 원쑤들과 맹렬한 혈전을 벌려 일본제국주의 침략군대를 때려부셔야만 저주로운 식민지 통치제도를 뒤집어엎고 조선의 독립을 이룩할 수 있다.…

5. 조선민족해방운동에 대하여 선의와 중립을 표시하는 나라 및 민족들과 친밀히 연합하여 원쑤 일본제국주의 침략자들을 반대하는 공동전선을 형성할 것이다.…

조국의 광복을 위하여 일치단결하여 투쟁하는 우리 인민의 위업은 필승불패이다.

모두 다 조국의 완전독립과 민족의 자유해방을 위하여 싸우자!

조국광복회 만세!

《김일성저작집》 제1권, 129~133쪽

북한 당국에 의한 '조국광복회 10대 강령'과 '조국광복회창립선언'의 개작改作은 원본에 '한국', '한', '대한'으로 돼 있던 것을 모두 '조선'으로 바꾸었다는 점이 두드러진다. 우선 제목서부터 '재만한인'在滿韓人이란 부분을 떼어냈다. 그리고 본문에 있는 '한'을 모두 '조선'으로 고쳤다. 이는 광복 이후 남·북한이 각각 '대한민국'과 '조선민주주의인민공화국'이란 국호를 공식적으로 채택한 뒤에는 '한', '한국', '대한'이란 용어를 더 이상 사용할 수 없었기 때문이라고 생각된다.

그러면 왜 사회주의자들이 주도한 재만한인 조국광복회가 '한국', '한인', '한', '대한' 같은 용어를 사용했을까? 이는 이들이 노동자·빈농뿐 아니라 부농富農·지주·부르주아지 등 모든 반일 역량을 총결집하는 민족통일전선을 만든다는 목표를 세웠기 때문이라고 할 수 있다. 즉, 만주지역에서 사회주의자와 그 동조자들에게만 호소력이 있는 '조선'이라는 용어보다는 보다 광범위한 사람들이 공감할 수 있는 '한', '대한'을 사용하는 편이 조직 결성과 확대에 유리하다고 판단한 것이다.

민족 전체에 광범한 호소력 가졌던 '대한'

1920년대 우리 독립운동의 새로운 이념으로 사회주의가 대두한 이래 좌·우파의 민족협동전선을 추구했던 움직임은 대부분 '한', '한국', '대한'이란 용어를 사용했다. 1920년대 중반 상하이의 대한민국임시정부를 둘러싼 진통을 해결하기 위해 열린 국민대표회의가 결렬된 후 지리멸렬 상태에 빠진 독립운동단체들의 분열 상태를 치유하기 위해 중국 각 지역에서 통합운동이 일어났다. 이 통합운동을 주동한 각 지역 단체들의 명칭은 '한국유일독립당촉성회'韓國唯一獨立黨促成會였다. 1926년 10월 한국유일독립당 베이징촉성회를 시작으로 상하이, 광저우, 우창, 난징 등지에서 잇달아 좌·우파가 함께 참여하는 한국유일당촉성회가 조직됐다. 이어 1927년 11월에는 상하이에서 이들 5개 지역의 한국유일당촉성회 대표들이 참석하는 '한국유일독립당촉성회대표연합회'가 개최됐다. 하지만 이 연합회는 1928년 12월 코민테른이 민족주의자들과의 연합을 부정하는 '12월 테제'를 발표함으로써 해체되고 말았다.

이후에도 독립운동단체들의 연합과 통합을 위한 움직임은 계속됐다. 1930년대 들어 세계대공황, 일제의 만주 침략, 이봉창·윤봉길 의거 등으로 분위기가 일신되자 1932년 11월 상하이에서 조선의열단, 한국독립당 등 중국 관내關內 지역의 독립운동단체들과 미주 지역의 대한인국민회, 대한인교민단 등이 참여하는 '한국대일전선통일동맹'韓國對日戰線統一同盟이 결성됐다. 이 동맹은 "우리는 혁명의 방법으로써 한국의 독립을 완성코자 한다"는 강령을 내걸었다. 한국대일전선통일동맹은 1935년 7월 발족한 '민족혁명당'의 모체가 됐다.

중국지역에서 활동하던 좌·우파 독립운동단체들의 합작으로 출범한 민족혁명당이 우파의 이탈로 민족협동전선의 성격이 약화되자 좌·우파 독립운동단체들은 다시 연합을 위한 움직임을 시작했다. 즉, 김구 중심의 한국국민당, 조소앙 중심의 한국독립당, 이청천 중심의 조선혁명당 등 우파들이 1937년 만든 '한국광복운동단체연합회'와 김원봉의 조선 민족혁명당을 중심으로 좌파들이 통합한 '조선민족전선연맹'은 1939년 '전국연합진선협회'全國聯合陣線協會를 구성했다. 전국연합진선협회를 함께 만들었던 독립운동 세력은 일부 좌파들의 이탈은 있었지만 충칭에 자리 잡은 대한민국임시정부에 대거 가담하게 된다. 이는 일본제국주의가 1941년 12월 태평양전쟁을 일으키는 등 전선을 확대하면서 일본의 패망이 다가오고 있고 독립과 건국을 준비해야 한다는 판단에 따른 것이었다. 앞서 언급한 것처럼 1942년 5월 조선의용대 본부가 한국광복군에 편입됐고, 이어 10월 조선민족전선연맹 쪽의 김원봉·유자명柳子明·김상덕 등이 대한민국임시정부의 입법기관인 임시의정원 의원으로 선출됐다. 그리고 1944년 4월에는 조선민족전선연맹의 김규식이 대한민국임시정부 부副주석이 되고, 김원봉·장건상張建相·유림柳林·김성숙金星淑 등이 국무위원이 됨으로써 대한민국임시정부는 좌·우파가 함께하는 민족협동전선의 성격이 크게 강화됐다.

이처럼 각각 '한'과 '조선'을 내걸고 경쟁하며 대립하던 우파 민족주의 세력과 좌파 공산주의 세력이 하나가 될 때는 우파가 주도하던 '대한민국임시정부'나 좌파가 주도하던 '재만한인조국광복회'가 모두 '한'을 표방했다는 사실은 민족의 단결이 필요할 경우 '한', '대한', '한국'이란 우산 아래 결집하는 것이 자연스러웠다는 것을 말해준다. 1945년 8월 일제로부터 나라를 되찾은 이후 새 나라의 국호로 '대한민국'이 채택된 것은 이런 역사적 흐름 속에서 이루어진 일이였다

남은 말

통일과 국호

1910년 일제에 나라를 빼앗기면서 잃어버렸던 '대한제국'이란 국호는 나라를 되찾은 후 1948년 '대한민국'으로 되살아났다.[14] 하지만 뜻하지 않은 남·북한의 분단으로 국토의 절반은 '조선민주주의인민공화국'이라고 불리게 됐다. 이제 60년 넘게 남·북한이 별개의 국호를 사용하는 상황에서 우리의 관심을 끄는 것은 통일 이후에는 국호를 어떻게 할 것이냐 하는 문제이다. 아마도 통일 이후 남·북한을 아우르는 국호를 정하는 문제는 광복 이후 남·북한이 각각 국호를 정했던 과정보다 훨씬 복잡할 것이다.

통일 국호와 관련해서 북한은 1960년 8월 통일방안으로 연방제를 제시했고, 1973년 6월 평양시 군중대회에서 '고려연방공화국', 1980년 10월 제6차 조선노동당대회에서 '고려민주연방공화국'을 제안한 바 있다. 한편 남한은 1982년 1월 전두환全斗煥 대통령이 '민족화합민주통일방안'을 북한에 제의하면서 남·북한 대표로 민족통일협의회를 구성하여 통일헌법을 기초할 때 국호 문제도 논의하자고 제의했다.

남·북한 단일국호와 관련한 논의가 가장 활발하게 벌어졌던 분야는 스포츠였다. 1964년 도쿄올림픽을 앞두고 국제올림픽위원회가 남북한 단일팀 구성을 요구하여 남북한 회담이 열렸다. 양측은 〈아리랑〉을 국가로 하는 데 합의했지만, 단일팀 명칭에 관해서는 남한이 '남북한 단일팀', '전한全韓팀'을 주장하고 북한은 '전조선유일팀', '남북단일팀' 등을 주장하는 등 의견이 좁혀지지 않아 결국 결렬됐다. 그 후로도 1979년 제35회 세계탁구선수권대회, 1984년 로스앤젤레스올림픽, 1989년 베이징아시아경기대회 등을 앞두고 남북한 단일팀 구성을 위한 협상이 열렸지만 최종 합의에 이르지는 못했다. 그러다가 1991년 1월 남·북한 체육회담에서 각종 국제대회에 참가하는 단일팀은 한반도기旗를 들고, 〈아리랑〉을 국가로 부르며, 'Korea'라는 이름을 사용하기로 합의했다. 이에 따라 1991년 4월 일본 지바千葉에서 열린 제41회 세계탁구선수권대회와 그해 6월 포르투갈 리스본Lisbon에서 열린 제6회 세계청소년축구대회에 남·북한 단일팀이 참가했다. 또 2000년 시드니올림픽 개막식과 2004년 아테네올림픽 개막식에서는 남·북한 선수단이 한반도기를 들고 'Korea'라는 이름으로 같이 입장하였다.

그러나 가장 비정치적인 스포츠 분야의 단일팀 명칭을 국가와 민족의 정체성을 규정하는 국호로 연결시키는 것은 무리다. 통일 국호의 결정은 이보다 훨씬 신중하고 폭넓고 역사적인 사고를 바탕으로 한 논의가 필요하다.

1993년 여름《역사비평》제21호는 '통일조국의 이름 짓기'라는 특별기획을 마련, 지식인들의 의견을 들었다. 경제학자 박현채 조선대 교수는 "국호는 쌍방 간의 합의가 추구돼야 하며 한쪽을 표상하는 것으로서의 국호는 기피해야 한다"며 "통일 후 우리 민족국가의 국호를 '고려'라고 하는 것이 가장 타당하다" 고 주장했다. 그가 그 이유로 들고 있는 것은 첫째, 고려가 최초의 자력에 의한 민족통일국가였다는 점과, 둘째, 세계 제일의 정복국가인 몽골에 의해 침략을 받고도 오랜 기간 동안 항쟁을 조직했으며, 정복당했으면서도 끊임없이 주권회복을 위한 지구적인 싸움을 조직, 자주적인 민족국가를 실현했다는 점이다. 역사학자인 한영우 서울대 교수는 "'대한'과 '조선'이라는 두 개의 국호는 아무리 그 뜻이 아름답고 유래가 깊다고 하더라도 통일 후의 국호는 되기 어렵다"며 "반세기의 분단체제 속에서 피차 상대방의 국호에 대한 위화감이 조성됐을 뿐 아니라 양자 중 택일의 방법은 현실적으로 가능하지 않기 때문에 제3의 국호가 나와야 한다"고 지적했다. 그리고 그 제3의 국호로 전 세계에 알려진 우리의 이름이자 남북한을 대표하는 대외적 호칭인 '코리아'Korea를 들었다. 스포츠 분야에서 합의된 호칭인 코리아를 다른 분야에도 점차 확대시키자는 것이다. 시인 고은 씨는 "통일 국호가 분단시대의 어느 한쪽으로 편향하는 것은 경계할 일"이라며 "통일 국호는 통일과 함께 민족 전체의 교향악적인 발의와 토론을 거쳐서 그것이 남북한 국민 및 해외동포의 전 민족적 공감으로 결정되는 것이 바람직하다"고 주장했다.

이 특별기획의 응답에서 두드러진 것은 세 명의 응답자가 모두 남·북한 어느 한쪽의 국호를 통일 국호로 사용하는 것은 어렵다는 인식을 보인 점이었다. 서로가 상대방의 국호에 대한 거부감이 강한 이상 한쪽을 표상하는 국호를 통일 국호로 채택할 경우 다른 쪽이 강한 반발을 보일 것이라는 우려였다. 따라서 응답자들은 '대한'이나 '조선'이 아닌 '제3의 국호'를 찾아야 한다고 주장했다.

하지만 이런 인식이 지식인 사회에 보편적인 것은 아니었다. 한국철학회는 1997년 5월 '통일시대의 철학'이라는 국제학술회의를 개최하는 것을 계기로 철학자들을 대상으로 통일한국의 국호·국기國旗·국가國歌에 대해서 묻는 설문조사를 실시했다. 총 122명의 철학자가 답변한 이 설문조사 결과, "통일한국의 국호를 바꾸어야 한다"는 응답자는 46명38%, "바꿀 필요가 없다"는 응답자가 76명62%이었다. "바꿀 필요가 없다"는 응답자들의 이유로는 "남북정부가 동등한 자격으로 합의통일을 한다고 해도 현재의 국호가 역사적 정당성을 갖고 있기 때문"이 54명71%, "대한민국이 흡수통일할 것이기 때문"이 10명13%이었다. 이 설문에 응답한 철학자 중 3분의 2는 통일 이후에도 '대한민국'이라는 국호를 바꿀 필요가 없다고 응답한 것이다. 그리고 그 대부분은 설사 남북한이 동등한 자격으로 합의 통일을 한다고 해도 '대한민국'이라는 국호가 역사적 정당성을 갖고 있기 때문에 바꿀 필요가 없다는 인식을 보였다.

이제까지 살펴본 바와 같이 국호는 단순히 나라 이름을 어떻게 정하느냐에 그치는 것이 아니라 그 국호를 온몸으로 안고 근대국가 건설을 위해 매진해온 민족운동가들이 남긴 역사적 유산을 담고 있다. 더구나 우리의 경우 그것은 망국과 식민지 강점기, 내전과 뒤이은 체제 경쟁 등 처절한 경험이 점철된 것이었다. 그리고 그 과정에서 '대한'이란 국호에 담긴 민족주의자들의 근대국가 구상과 '조선'이란 국호에 담긴 사회주의자들의 근대국가 구상은 일제강점기에는 한반도와 중국·일본·러시아 등에서 격렬하게 맞부딪쳤고 광복 후에는 남한과 북한으로 나뉘어 치열하게 경쟁했다. 앞서 살펴본 것처럼 일제강점기에 '한'과 '조선'의 대립은 광복을 앞두고 '한'으로 수렴되었다. 그리고 다시 찾은 나라가 남북으로 갈라지면서 '한'과 '조선'의 대립이 다시 시작됐지만, 60년이 지나면서 그 승부는 이제 분명하게 가려지고 있다.

통일 후의 국호는 결국 통일이 누구의 주도로 어떻게 이룩되느냐에 따라 결정될 것이다. 제2차 세계대전 이후 분단됐던 주요 국가들 중에서 독일은 '독일연방공화국'서독이 '독일민주공화국'동독을 흡수함으로써 통일을 이루었고, 국호도 자연스럽게 '독일연방공화국'으로 정리됐다. '베트남민주공화국'북베트남과 '베트남공화국'남베트남으로 양분됐던 베트남은 베트남공화국이 멸망한 뒤 들어선 '남베트남공화국'이 베트남민주공화국과 통일하는 형식을 통해 '베트남사회주의공화국'으로 재탄생했다.

우리의 경우 근대국가 건설의 주역은 대한제국 → 대한민국 임시정부 → 대한민국으로 이어져온 민족주의 세력이었다. '대한'은 우리 민족의 5천 년 역사에서 가장 빛나는 현재의 국가와 사회와 민족 공동체를 만든 원동력이자 깃발이었다. 이를 가볍게 생각하는 것은 현재의 우리 삶을 규정하는 역사의 무게를 고려하지 않은 단견이다. 앞서 인용한 철학자들의 다수가 "대한민국이란 국호가 역사적 정당성을 갖고 있다"고 답했다는 점은 우리 국민이 그런 사실을 이미 자연스럽게 알고 있다는 것을 말해준다. 이런 점을 감안하면 아마도 통일 이후의 국호는 '대한민국'이 될 가능성이 매우 높다고 생각된다.

주

1 《제헌국회 속기록》에 기록된 헌법기초위원은 '유성갑(柳聖甲), 김옥주(金沃周), 김준연(金俊淵), 오석주(吳錫柱), 윤석구(尹錫龜), 신현돈(申鉉燉), 백관수(白寬洙), 오용국(吳龍國), 최규옥(崔圭鈺), 김명인(金命仁), 이종린(李鍾麟), 이훈구(李勳求), 유홍렬(柳鴻烈), 연병호(延秉昊), 서상일(徐相日), 조헌영(趙憲泳), 김익기(金翼基), 정도영(鄭島榮), 김상덕(金尙德), 이강우(李康雨), 허정(許政), 구중회(具中會), 박해극(朴海克), 김효석(金孝錫), 김병회(金秉會), 홍익표(洪翼杓), 서성달(徐成達), 조봉암(曺奉岩), 이윤영(李允榮), 이청천(李靑天)'이다. 그런데 국회 사무처가 1971년 발간한《국회사(제헌~제6대)》에 수록된 명단에는 '김명인' 대신 '김광준'(金光俊), '김병회' 대신 '김경배'(金庚培)라고 돼 있다.

이영록 조선대 교수는 "제헌국회의 '헌법 및 정부조직법 기초위원회'에 관한 사실적 연구"(《법사학 연구》 제 25호)란 논문에서 당시 신문 보도들을 근거로 김명인과 김광준은 동일인이고, 김병회가 아니라 김경배가 헌법기초위원이었을 가능성이 높다고 분석했다.

2 이상 언급된 헌법 초안들의 원문은《헌법기초회고록》(유진오 지음, 1980년, 일조각)과《현민 유진오 제헌헌법 관계 자료집》(2004년, 고려대출판부)에서 확인할 수 있다.

3 국회 헌법기초위원회에서 국호를 대한민국으로 정한 논거의 하나는 그렇게 해야 훗날 일본으로부터 식민지배에 대한 배상을 받을 때 유리하다는 것이었다. 1948년 6월 10일자 《조선일보》(朝鮮日報)는 "헌법기초위원회

는 지난 7일 … 국호를 대한민국으로 의결하였거니와 국호를 대한으로 주장하는 측의 중요한 이유의 하나는 일본으로부터 배상을 받아오려면 과거의 대한국이라는 국호라면 청구할 수 있다는 것이라 한다"라고 보도했다. 일제가 우리나라의 주권을 강탈할 당시 우리 국호가 '대한제국'이었기 때문에 새로 출범하는 나라의 국호를 '대한민국'이라고 하면 국제적으로 국가의 연속성을 인정받아 일본으로부터 배상받는 데 더 유리한 입장에 설 수 있다는 논지였다.

4 광복 후 남·북한에서 일어난 '한'과 '조선'의 분립은 국호와 함께 국가(國歌)도 마찬가지였다. 광복될 당시 우리 민족의 국가는 대한제국 무렵 만들어진 〈애국가〉(愛國歌)였다. 〈애국가〉는 1900년을 전후하여 여러 민족운동가들의 손을 거쳐 가사가 만들어졌고, 영국 스코틀랜드 민요 〈올드 랭 사인〉(Auld Lang Syne)의 곡에 맞춰 부르다가 1935년 작곡가 안익태에 의해 곡이 만들어졌다. 이후 대한민국임시정부를 비롯한 해외 독립운동가와 동포들에 의해 애창되던 〈애국가〉는 광복 후 자연스럽게 국가로 자리잡았고, 1948년 8월 대한민국 정부 수립과 함께 공식적인 국가가 됐다.
그러나 '대한 사람 대한으로 길이 보전하세'라는 후렴을 가진 〈애국가〉는 북한 입장에서는 달갑지 않았다. 1946년 9월 김일성은 "(애국가의 가사가) 인민의 감정에 맞지 않을 뿐 아니라 보수적이며 곡도 남의 나라 것을 따라 만든 것인데 곡 자체가 시원치 않다"며 "우리는 빨리 애국가를 지어서 불러야 한다"고 별도의 국가 제정을 지시했다. 김일성의 지시에 따라 월북(越北) 시인 박세영이 가사를 쓰고, 작곡가 김원균이 곡을 붙인 새 〈애국가〉가 1947년 6월에 선을 보였다. 그 가사는 다음과 같다.

"아침은 빛나라 이 강산 은금(銀金)에 자원도 가득한
삼천리 아름다운 내 조국 반만 년 오랜 역사에

찬란한 문화로 자라난 슬기론 인민의 이 영광
몸과 맘 다 바쳐 이 조선 길이 받드세"

그러나 북한은 새로 만든 〈애국가〉를 바로 공포하지는 않았다. 김일성은 별도의 〈애국가〉를 만들었다는 사실이 알려지면 북한이 단독정부를 수립한다는 비판을 받을 우려가 있기 때문에 발표를 뒤로 미룰 것을 지시했다. 이에 따라 북한의 〈애국가〉는 1948년 9월 조선민주주의인민공화국의 수립과 함께 공식적으로 불리기 시작했다. 이렇게 해서 북한에서는 국호와 함께 국가에서도 '대한'이 '조선'으로 대체됐다.

5 당시 회의 상황을 기록한 《임시의정원기사록》(臨時議政院紀事錄)에 따르면 다음날 아침 10시까지 계속된 이날 회의에 참석한 의원은 현순(玄楯), 손정도(孫貞道), 신익희, 조성환, 이광(李光), 이광수(李光洙), 최근우(崔謹愚), 백남칠(白南七), 조소앙, 김대지(金大池), 남형우(南亨祐), 이회영(李會榮), 이시영, 이동녕, 조완구(趙琬九), 신채호(申采浩), 김철(金哲), 선우혁(鮮于赫), 한진교(韓鎭敎), 진희창(秦熙昌), 신철(辛鐵), 이영근(李榮根), 신석우(申錫雨), 조동진(趙東振), 조동우(趙東祐), 여운형(呂運亨), 여운홍(呂運弘), 현창운(玄彰運), 김동삼(金東三)이었다.

6 《대한민국임시헌장》의 전문(全文)은 다음과 같다.

《대한민국임시헌장》 선포문

신인일치(神人一致)로 중외협응(中外協應)하야 한성(漢城)에 기의(起義)한 지 삼십유일(三十有日)에 평화적 독립을 삼백여주(州)에 광복(光復)하고 국민의 신임으로 완전히 다시 조직한 임시정부는 항구완전한 자주독립의 복리(福利)

로 아(我) 자손여민(子孫黎民)에 세전(世傳)키 위하야 임시의정원의 결의로 임시헌장을 선포하노라.

제1조 대한민국은 민주공화제로 함.

제2조 대한민국은 임시정부가 임시의정원의 결의에 의하여 차(此)를 통치함.

제3조 대한민국의 인민은 남녀귀천 및 빈부의 계급이 무(無)하고 일체 평등임.

제4조 대한민국의 인민은 신교(信敎)·언론·저작·출판·결사·집회·신서(信書)·주소이전·신체 및 소유의 자유를 향유함.

제5조 대한민국의 인민으로 공민(公民) 자격이 유(有)한 자(者)는 선거권 및 피선거권이 유(有)함.

제6조 대한민국의 인민은 교육·납세 및 병역의 의무가 유(有)함.

제7조 대한민국은 신(神)의 의사에 의하야 건국한 정신을 세계에 발휘하며 진(進)하야 인류의 문화 및 평화에 공헌하기 위하야 국제연맹에 가입함.

제8조 대한민국은 구(舊)황실을 우대함.

제9조 생명형(刑) 신체형 및 공창제(公娼制)를 전폐함.

제10조 임시정부는 국토회복 후 만 1년 내에 국회를 소집함.

7 《대한민국임시헌법》의 전문(前文)과 제1장 강령(綱領)은 다음과 같다.

아(我) 대한인민(大韓人民)은 아국(我國)이 독립국임과 아민족(我民族)이 자유민임을 선언하였도다. 차(此)로써 세계만방에 고하여 인류평등의 대의를 극명하였으며 차로써 자손만대에 고(誥)하여 민족자존의 정권(正權)을 영유케 하였도다.

반만년 역사의 권위를 장(仗)하여 이천만 민중의 성충(誠忠)을 합하여 민족의 항구여일한 자유발전을 위하여 조직된 대한민국의 인민을 대표한 임시의정원은 민의(民意)를 체(體)하여 원년(元年) 4월 11일에 발포된 10개 조의 임시헌장을 기본삼아 본 임시헌법을 제정하여서 공리(公理)를 창명(昌明)하며 공익을 증진하며 국방 및 내치를 주비(籌備)하며 정부의 기초를 공고하는 보장이 되게 하노라.

제1장 강령

제1조 대한민국은 대한인민으로 조직함.
제2조 대한민국의 주권은 대한인민 전체에 재(在)함.
제3조 대한민국의 강토는 구한제국(舊韓帝國)의 판도로 정함.
제4조 대한민국의 인민은 일체 평등임.
제5조 대한민국의 입법권은 의정원이, 행정권은 국무원이, 사법권은 법원이 행사함.
제6조 대한민국의 주권행사는 헌법 범위 내에서 임시대통령에게 위임함.
제7조 대한민국은 구황실을 우대함.

8 중국 주(周)나라 제도인 《주례》(周禮)의 체제를 따라서 조선왕조를 다스리는 기준을 종합 서술한 책. 서론 부분에 〈정보위〉(正寶位), 〈국호〉(國號), 〈정국본〉(定國本), 〈세계〉(世系), 〈교서〉(敎書)를 싣고, 이어 〈치전〉(治典), 〈부전〉(賦典), 〈예전〉(禮典), 〈정전〉(政典), 〈헌전〉(憲典), 〈공전〉(工典)의 6전으로 나눠 소관업무와 기본 원칙을 제시했다. 《조선경국전》은 정도전 개인의 저술이지만 《경제육전》(經濟六典), 《경국대전》(經國大典) 등 이후에 조선왕조가 편찬 반포하는 공식 법전들의 원형을 이루었다.

9 충청북도 제천시 한수면 동창리 월광사 터에서 발견된 '월광사원랑선사탑비'(月光寺圓朗禪師塔碑, 보물 제360호)는 이런 변화를 잘 보여준다. 통일신라시대인 진성여왕(眞聖女王) 4년(서기 890년)에 건립된 이 비석의 주인공

인 원랑선사는 856년 당나라에 유학하여 11년간 공부하고 귀국한 뒤 월광사에 머물면서 선문(禪門)을 현창했다.

〈문단 1〉 옛날에 우리 태종대왕께서 백성들이 도탄에 빠진 것을 불쌍히 여기시고 (사해(四海)가 괴로워하는 것을 안타깝게 여기셔서?) 삼국에서 전쟁을 그치게 하고 통일을 달성하신 때에 … (昔 我太宗大王 痛黔黎之塗□, □□海之□□, 止戈三韓之年, 垂衣一統之日)

〈문단 2〉 아아, 이름이 온 나라에 널리 퍼졌으니 죽었다고 해도 죽은 것이 아니요, 전해주신 법음(法音)이 천년에 이어질 터이니 가셨다고 해도 가신 것이 아니다.(嗚呼, 歿而不歿, 名播三韓, 亡而不亡, 法流千載)

여기서 같은 '삼한'(三韓)이란 단어가 〈문단 1〉에서는 '삼국'(三國), 〈문단 2〉에서는 '온 나라'라는 뜻으로 사용됐다.

10 고려초기의 '삼한일통' 의식을 잘 보여주는 자료는 《고려사》에 나오는 다음과 같은 내용이다.

태조가 최응(崔凝)에게 "예전에 신라가 9층탑을 조성하여 마침내 통일의 대업을 이루었소. 이제 개경(開京)에 7층탑을 세우고 서경(西京)에 9층탑을 건립함으로써 부처의 공덕을 빌어 추악한 무리들을 없애고 삼한(三韓)을 통일하여 한집안으로 만들기를 바라니, 경(卿)은 나를 위하여 발원하는 소(疏)를 지어주시오"라고 부탁하자, 최응이 이에 소(疏)를 지어 올렸다.

(太祖謂凝曰, "昔新羅造九層塔, 遂成一統之業. 今欲開京建七層塔, 西京建九層塔, 冀借玄功, 除群醜, 合三韓爲一家, 卿爲我作發願疏." 凝遂製進.)

《고려사》 권92 열전5 최응(崔凝)조

11 신민회란 이름은 국권회복을 위해서는 우리 민족의 실력양성이 필요하고, 이를 위해서는 '국민이 새로워져야 한다'(新民)는 의미를 담고 있었다. 신민회는 1911년 이른바 '105인 사건'으로 조직이 드러나서 일제의 탄압을 받아 조직이 무너질 때까지 교육 구국, 계몽강연 및 서적·잡지 출판, 민족산업 진흥, 독립군 양성 등 다방면에 걸쳐 활동을 전개했다. 신민회 회원들이 만든 학교는 평안도 정주의 오산학교(五山學校), 평양의 대성학교(大成學校), 경기도 강화의 보창학교(普昌學校) 등 100여 개에 이르러 많은 인재들을 길러냈다. 또 신민회 회원들은 전국적인 계몽강연을 통해 국민들의 애국심과 민권사상을 고취했으며, 《대한매일신보》와 잡지 《소년》을 사실상의 기관지로 활용하고 '태극서관'(太極書館), '조선광문회'(朝鮮光文會)등을 만들어 애국계몽사상을 담은 출판물 보급에도 열심이었다.

12 이 단체는 당시 연해주 지역의 통치권을 갖고 있던 제정 러시아 당국과의 마찰을 피하기 위해 '(한국인에게) 실업(實業)을 장려한다'는 뜻을 담은 '권업회'(勸業會)라는 이름을 붙였지만 실제로는 항일 독립운동단체였다. 초대 회장은 연해주 지역의 최고 한인(韓人) 지도자였던 최재형이었으며, 이어 1911년 12월 이상설(李相卨)이 회장, 이종호(李鍾浩)가 부회장을 맡았다. 기관지 《권업신문》을 발행하며 민족정신의 고취, 교민의 단결과 지위 향상 등에 노력했다.

13 신채호는 시민적 민족주의자에서 출발하여 혁명적 민족주의자를 거쳐 무정부주의자로 생을 마감했다. 그의 이런 사상적 변모 과정은 그가 쓴 글에서 '한'과 '조선'이란 용어의 사용과도 연결된다. 그가 《대한매일신보》의 논설기자로 애국계몽운동의 선두에서 시민적 민족주의 사상을 한창 전파하던 1908년에 《대한협회회보》 제1호에 쓴 "대한의 희망"과 1923년에 의열단의 의뢰를 받아 집필한 《조선혁명선언》(朝鮮革命宣言)은 이런 점에

서 극명하게 대비된다.

大ᄒᆞ다 我韓 今日의 希望이며 美ᄒᆞ다 我韓 今日의 希望이여. 未久에 造物者가 世界 各 國民의 試驗 成績을 考鑒ᄒᆞᄂᆞ니 我國民이 第一等의 資格이 有ᄒᆞ도다 만은 万一 怠惰汗漫ᄒᆞ야 競爭心이 無ᄒᆞ면 空을 得ᄒᆞᄂᆞ니라. (중략)
今日 我韓人아 希望에서 願力이 生ᄒᆞ고 願力에서 熱心이 生ᄒᆞ고 熱心에서 事業이 生ᄒᆞ고 事業으로 國家가 生ᄒᆞᄂᆞ니 勉할지어다. 我韓人아 希望할지어다. 我韓人아.

"대한의 희망", 《대한협회회보》 제1호

강도 일본이 우리의 국호를 없이하며, 우리의 정권을 빼앗으며, 우리의 생존적 필요조건을 다 박탈하였다. (중략)
현재 조선민중은 오직 민중적 폭력으로 신조선 건설의 장애인 강도 일본세력을 파괴할 것뿐인 줄을 알진대, 조선민중이 한편이 되고 일본 강도가 한편이 되어, 네가 망하지 안하면 내가 망하게 된 '외나무다리 위'에 선 줄을 알진대, 우리 2천만 민중은 일치하여 폭력 파괴의 길로 나아갈지니라.

《조선혁명선언》

'한'을 앞세운 전자는 희망과 경쟁심을 강조하고 있는 반면, '조선'을 표방하는 후자는 분노와 파괴, 투쟁을 주장하고 있다. 특히 《조선혁명선언》은 일본이 우리의 국호를 말살한 사실을 모두에 지적하면서도 빼앗긴 국호인 '대한'에 대해서는 전혀 언급이 없으며 시종 '대한'이 아니라 '조선'이라는 단어를 사용하고 있다. 이는 《조선혁명선언》이 발표된 시점이 '대한민국임시정부'의 진로를 논의하는 국민대표회의가 열린 시기와 일치하고 신채호가 대한민국임시정부에 몹시 비판적이었던 사실과도 관련이 있다고 생각된다.

14 '대한민국'이란 국호가 우리 민족의 역사에 뚜렷하게 자리 잡게 된 것은 누구의 공일까? 첫 번째로 언급해야 할 사람은 정부 수립과정에서 '대한민국'이란 국호 제정을 시종일관 주도한 이승만 초대 대통령이다. 그는 한 달 남짓한 짧은 기간 동안 급속도로 진행된 헌법 제정과정에서 중구난방으로 쏟아져 나오는 국호에 관한 논의를 고비마다 적절하게 조절하면서 '대한민국'이란 국호가 공감대를 얻을 수 있게 유도했다. 두 번째는 '대한민국'이란 국호의 이론적 토대를 놓은 조소앙이다. 그는 '대한제국'에서 '대한민국'으로 넘어가는 역사적·정치적 의미를 정확하게 설명했고, 3·1 운동 이후 임시정부에서 '대한민국'이 국호로 채택되는 과정을 주도했다. 세 번째는 대한민국임시정부의 중심인물로 '대한민국'이란 국호를 지켜낸 김구다. 그는 광복 후 대한민국 정부 수립에 직접 참여하지는 않았지만 '대한민국임시정부'란 간판을 처음부터 끝까지 지켰고 한인애국단, 한국독립당, 한국국민당을 이끌며 평생을 '한'(韓)이란 이름과 함께 했다. 역사적으로 볼 때 '대한민국'이란 국호는 당대에는 정치적 입장이 엇갈렸던 이들 세 명의 공동작품이라고 할 수 있다.

참고문헌

국사편찬위원회(편)(1989), 《북한관계사료집》 제8권.

강만길(1991), 《조선민족혁명당과 통일전선》, 화평사.

______(1994), 《고쳐 쓴 한국현대사》, 창작과비평사.

강창일(1993), "일본에서는 한-조선-고려가 어떻게 사용되었나", 《역사비평》 21호.

고마쓰 미도리(小松綠)(1920), 《조선병합의 이면》(朝鮮併合之裏面), 중외신론사(中外新論社).

______(1927), 《명치사실외교비화》(明治史實外交秘話), 중외산업신보사.

김기빈(1995), 《일제에 빼앗긴 땅이름을 찾아서》, 살림터.

김기승(2009), "조소앙과 대한민국 정부 수립", 《동양정치사상사》 8권 1호.

김성보(2002), "조선민주주의인민공화국의 수립", 《한국사》 52권, 국사편찬위원회.

김일성(저), 김정일(편)(1979), 《김일성저작집》 1권, 조선로동당출판사.

김영범(1997), 《한국근대민족운동과 의열단》, 창작과비평사.

김소진(1999), 《한국독립선언서연구》, 국학자료원.

김영상(1948), "헌법을 싸고 도는 국회 풍경", 《신천지》 7월호.

김준엽 · 김창순(1973), 《한국공산주의운동사》 2권, 고려대출판부.

노태돈(1982), "삼한(三韓)에 대한 인식의 변천", 《한국사연구》 38호.

대한민국국회(편)(1999), 《제헌국회 속기록》.

대한민국국회도서관(편)(1974), 《대한민국임시정부의정원문서》, 국회도서관.

박찬승(2013), 《대한민국은 민주공화국이다》, 돌베개.

백동현(1997), "'한인조국광복회'운동에 관한 연구", 《백산학보》 49호.

삼균학회(편)(1979), 《소앙선생문집》, 횃불사.

설의식(1947), 《해방이후》, 새한민보사.

______(1948), 《통일조국》, 새한민보사.

스칼라피노 · 이정식(1986), 한홍구 역, 《한국공산주의운동사》 1권, 돌베개.

신용하(1977), "신민회의 창건과 그 국권회복운동(상)", 《한국학보》 8호.

______(1984), 《신채호의 사회사상연구》, 한길사.

______(1986), "신한청년당의 독립운동", 《한국학보》 44호.

앙드레 슈미드(2007), 정여울 역, 《제국 그 사이의 한국》, 휴머니스트.

여운홍(1967), 《몽양 여운형》, 청하각.

와다 하루키(1992), 이종석 역, 《김일성과 만주항일전쟁》, 창작과비평사.

유영익(2006), "이승만 국회의장과 대한민국 헌법 제정", 《역사학보》 189집.

유진오(1980), 《헌법기초회고록》, 일조각.

윤경섭(1995), "1948년 북한헌법의 제정 배경과 그 성립", 성균관대 대학원 석사 논문.

이명영(1975), 《재만한인공산주의운동연구》, 성균관대출판부.

이성무(2011), 《조선왕조사》, 수막새.

이승복(1974), 《삼천백일홍(三千百日紅)-평주이승복선생팔순기》, 인물연구소.

이영록(2002), "제헌국회의 '헌법 및 정부조직법 기초위원회'에 관한 사실적 연구", 《법사학연구》 25호.

______(2003), " '권승렬안'에 대한 연구", 《법과 사회》 24호.

______(2006), 《우리 헌법의 탄생》, 서해문집.

이완범(2012), "국호로 본 대한민국임시정부와 대한민국", 독립기념관 주최 광복 제67주년 및 개관 제25주년 기념 학술심포지엄 발표 논문.

임대식(1993), "일제시기 · 해방 후 나라 이름에 반영된 좌우갈등-우(右) '대한' · 좌(左) '조선'과 남(南) '대한' · 북(北) '조선'의 대립과 통일", 《역사비평》 21호.

정병준(1998), "해방 직후 각 정파의 정부 수립 구상과 그 특징: 제2차 미소공위 답신안 분석을 중심으로", 《통일문제연구》 10권 2호.
정현규(2003), 《이제 통일한국의 상징을 준비할 때다》, 삶과꿈.
조동걸(1987), "임시정부 수립을 위한 1917년의 '대동단결선언'", 《한국학논총》 9호, 국민대 한국학연구소.
조선민주주의인민공화국 최고인민회의 상임위원회(1948), 《최고인민회의 제1차 회의 회의록》.
조선총독부 경무국(편)(1936), 《고등경찰보》 5호.
조선총독부고등법원검사국사상부(편)(1938), 《사상휘보》 14호.
최남선(1946), 《조선상식문답》, 동명사(2011년 기파랑에서 복간).
추헌수(1989), 《대한민국임시정부사》, 독립기념관 한국독립운동사연구소.
한영우(2001), "대한제국의 성립 과정과 《대례의궤》", 《한국사론》 45호.
허동찬(1992), "재만한인조국광복회 선언과 강령의 성립 경위", 《수촌박영석교수화갑기념 한민족독립운동사논총》.
허정숙(1986), 《민주건국의 나날에》, 조선로동당출판사.
고려대학교(2009), 《현민 유진오 제헌헌법 관계 자료집》, 고려대출판부.
황민호·홍선표(2008), "3·1운동 직후 무장투쟁과 외교활동", 《한국독립운동의 역사》 22권, 독립기념관 한국독립운동사연구소.

사진출처

해당 사진이 삽입된 페이지 번호 순서대로 명기.

제헌국회, '대한민국'을 국호로 정하다

15 뉴스뱅크이미지

17-1 일조각

17-2 고려대학교 박물관

23 《조선일보》

25 《연합뉴스》

41 국가기록원

45 국가기록원

55 《한국일보》

광복 후 국호를 둘러싼 논쟁

62 국가기록원

67 뉴스뱅크이미지

68 《동아일보》

75 《연합뉴스》

78 《동아일보》

83 위키미디어

'대한민국임시정부'와 '대한제국'

89 뉴스뱅크이미지

93-1, 93-2 국사편찬위원회

98-1 《연합뉴스》

98-2 한국문화유산정책연구소

123 뉴스뱅크이미지

독립운동가들이 되살린 '대한'

129 한국언론진흥재단

135 독립기념관

147 대한민국역사박물관

163 《연합뉴스》

167 《전남일보》

대한민국역사박물관 한국현대사 교양총서

1 대한민국 헌법 이야기

"모든 세대는 자신들의 헌법을 새로 쓸 권리를 가진다."
대한민국 헌법은 1948년 최초로 제정한 이래 9차례에 걸쳐 변경, 수정, 추가되면서 오늘에 이르렀다. 이러한 헌법의 역사를 돌아봄으로써 변화와 발전을 위한 각 세대의 고민을 이해한다.

정종섭 / 234쪽 / 2013.7.15. 발행 / 12,000원

2 런던에서 런던까지: 대한민국 올림픽 도전사

1948년, 신생국가로 막 태어난 대한민국은 올림픽에 최초로 참가하여 동메달 2개를 획득하였다. 그리고 다시 런던올림픽이 열린 2012년, 대한민국은 금메달 13개로 종합순위 세계 5위에 올랐다. 이러한 런던올림픽의 어제와 오늘 속에서 대한민국의 변화의 흐름, 그리고 우리 자신을 발견할 수 있다.

나영일 / 216쪽 / 2013.7.15. 발행 / 12,000원

3 국제법과 함께 읽는 독도현대사

일본 정부의 주요인사들은 해마다 독도가 일본 영토라는 주장을 반복하고 있다. 일본은 왜 이러한 억지주장을 되풀이하며, 우리는 이에 어떠한 방식으로 대처해야 할까? 지난 100년간의 독도 역사를 돌아보고 독도 문제를 국제법으로 풀어봄으로써 이러한 문제에 대한 해답을 얻고자 한다.

정재민 / 218쪽 / 2013.9.1. 발행 / 12,000원

4 세계의 한인이주사

2012년 4월, 재외국민선거가 실시되면서 재외한인은 국내 정치의 중요한 행위자로 부상하였다. 아울러 국내에 체류하는 외국국적 동포들이 증가하면서 재외한인은 '재외'가 아닌 모국의 중요한 사회구성원이 되었다.
19세기 중엽 시작된 재외한인의 이주사에는 이제 150년의 경륜과 삶의 지혜가 있다. 이러한 재외한인의 이주사로부터 타산지석과 역지사지의 지혜를 얻을 수 있다.

윤인진 / 280쪽 / 2013.10.10. 발행 / 12,000원

5 산림녹화

조선 후기를 시작으로 일제강점기, 6·25전쟁 이후 오늘에 이르기까지 우리나라는 산림녹화를 위해 지속적인 노력을 기울여왔다. 경제개발 초기 정부를 비롯하여 기업과 독림가들의 산림녹화에 대한 노력은 현재 우리나라의 녹화지역이 보여주듯이 많은 성과를 이루었다. 우리는 산림녹화를 위해 어떠한 실천을 했을까? 숲 전문가가 본 조림의 역사와 성공 요인이 이 책에 담겨 있다.

배상원 / 230쪽 / 2013.10.10. 발행 / 12,000원

6 '대한민국' 국호의 탄생

1897년 10월 12일 황제로 등극한 고종은 '대한제국'이라는 새 국호를 선포했다. 1910년 일제에 나라를 빼앗기며 잃어버렸던 이 '대한제국'이란 국호는 1910년 중국 상하이에 세워진 임시정부에서 '대한민국'이란 국호로 되살아났다. 이후 광복 후 수립된 새 국가에 의해 계승된 '대한민국' 국호에는 우리의 과거와 현재가 담겨 있다.

이선민 / 204쪽 / 2013.12.31. 발행 / 12,000원

7 원조, 받는 나라에서 주는 나라로

6·25전쟁 이후 외국의 원조에 의존해야 했던 우리나라는 2012년 세계 8위의 교역규모를 기록하며, 경제 규모와 제도 면에서 선진국 대열에 진입하였다. 그리고 이와 함께 국제사회에서 감당해야 하는 책임도 커졌다. 해방, 남북분단과 6·25전쟁을 겪은 우리나라는 어떻게 급속한 경제성장에 성공하여 원조를 '받는 나라에서 주는 나라로' 전환할 수 있었는가?

최상오 / 252쪽 / 2013.12.31. 발행 / 12,000원

8 대한민국을 이끈 여성정치인(가제)

1945년 해방 이후 오늘날까지의 한국 역사는 여성 발전의 역사였다. 근대 이후 서구적 가치관의 유입은 급속한 사회 변화를 가져왔으며, 이러한 사회 변화의 중심에 한국여성의 지위 변화가 있다. 이 책은 대한민국이 그 기틀을 잡고 국가의 성격을 형성해가던 제1공화국 시기 여성정치인들의 역사를 통하여 한국 여성 발전을 되돌아본다.

김수자 / 근간